汉英同传中的信息缺省
——一项基于技术领域同传译语产出的实证研究

邓 婕◎著

吉林大学出版社
·长 春·

图书在版编目（CIP）数据

汉英同传中的信息缺省：一项基于技术领域同传译语产出的实证研究 / 邓婕著 . —长春：吉林大学出版社，2022.10
ISBN 978-7-5768-0688-5

Ⅰ.①汉…　Ⅱ.①邓…　Ⅲ.①英语—同声翻译—研究　Ⅳ.① H315.9

中国版本图书馆 CIP 数据核字（2022）第 186808 号

书　　　名	汉英同传中的信息缺省——一项基于技术领域同传译语产出的实证研究 HAN-YING TONGCHUAN ZHONG DE XINXI QUESHENG——YI XIANG JIYU JISHU LINGYU TONGCHUAN YIYU CHANCHU DE SHIZHENG YANJIU
作　　　者	邓　婕　著
策 划 编 辑	樊俊恒
责 任 编 辑	代红梅
责 任 校 对	邹燕妮
装 帧 设 计	马静静
出 版 发 行	吉林大学出版社
社　　　址	长春市人民大街 4059 号
邮 政 编 码	130021
发 行 电 话	0431-89580028/29/21
网　　　址	http://www.jlup.com.cn
电 子 邮 箱	jldxcbs@sina.com
印　　　刷	北京亚吉飞数码科技有限公司
开　　　本	787mm×1092mm　1/16
印　　　张	11
字　　　数	174 千字
版　　　次	2023 年 4 月　第 1 版
印　　　次	2023 年 4 月　第 1 次
书　　　号	ISBN 978-7-5768-0688-5
定　　　价	78.00 元

版权所有　翻印必究

前　言

　　长久以来口译的基本要求就是：必须忠于源语，要完整并忠实地传达源语信息。然而在同声传译实践中，源语信息在口译过程中不同程度的缺省却是十分普遍的。不仅如此，不少信息缺省非但没有对口译交际效果造成重大影响，反而在一定程度上满足了口译交际情景的要求。

　　据此，本研究的研究视角落在汉英同传中的信息缺省现象，将对五大高新技术领域译语中的信息缺省进行客观而充分的描述与解释，通过对其内部结构与外在形式的分析，考察其在同声传译中的规律和处理原则。并为此提出了相应的研究问题：

　　（1）信息缺省有哪些类别和层次？
　　（2）译员会采用何种策略补偿？
　　（3）信息缺省有哪些触发原因？
　　（4）影响译员补偿行为的因素是什么？

　　本研究主要采取观察法对同传中信息缺省的发生和补偿进行描述。研究搭建了小型双语语料库，所用语料来自五位职业译员在五场不同会议的现场录音，对语料库中的信息缺省和相应的补偿策略进行归类和统计，探讨了信息缺省的诱发因素，并试图在口译规范的框架内分析译员补偿策略的制约因素。

　　本研究的主要发现如下：

　　高新技术领域汉英同传中信息缺省现象的一些规律。数据证实了信息缺省的普遍性，同时也发现同传中的信息缺省并非全部都会影响信息完整性，因此不应被简单归结为口译错误。有时正是由于译员使用了信息压缩策略，反而能够压缩信息分量与传输负荷，使目标语获得更好的现场交际效果。

　　一旦发生信息缺省，译员多会通过简化输出、使用较长的EVS，以保存关键信息、扩大语意、拓展源语信息或利用情境因素帮助简化输出。

　　汉英同声传译中出现各类信息缺省的触发原因主要包括源语信息冗余、源语存在可忽视信息、源语语言结构逻辑瑕疵、源语冗余不足、源语包含专业技术信息、发布瑕疵等。

在本研究观察的六类信息缺省中,四类信息缺省均在译语中获得了不同程度的补偿。具体制约译员补偿行为和补偿效果的因素主要包括译员信息处理能力、译员工作记忆调配效率、译员主题知识储备、译员口译策略选择、口译规范制约以及听众期待。

本研究的价值首先在于语料的真实性和典型性。有关同传中信息缺省的实证研究甚少,而以实际同传交际场景的真实语料为研究材料的则更为有限。本研究所建的语料库虽然规模不大,但却是包含多译员、多主题的现场同传语料。通过对工作语料的仔细筛选和对变量的严格控制,保证了语料的同质性。其次,研究的针对性。迄今为止,同传实证研究主要针对一般意义上的同声传译,未做行业细分,即便涉及技术领域,也并非将其作为研究重点。而本研究针对高新技术领域汉英同传中的信息缺省现象,较完整而全面地对这一普遍现象进行了描述和解释,一定程度上弥补了这一领域研究的匮乏。

作　者
2021年6月

目 录
Contents

前言 1

目录 1

表目录 1

图目录 1

第一章　绪论 1
第一节　选题来源 1
第二节　研究目的 5
第三节　研究意义 6

第二章　文献综述及理论分析框架 7
第一节　同传中的信息处理 7
第二节　同传中的记忆 12
第三节　信息缺省的相关研究 14
第四节　关键概念 21
第五节　分析框架 33

第三章　研究设计 37
第一节　语料库口译研究的意义 37
第二节　研究问题和研究方法 39
第三节　本研究语料库的建立 39
第四节　语料收集及加工 45

第四章 "信息缺省"的描写 ... 55
第一节 信息缺省的定量分析 ... 55
第二节 "信息缺省"的统计数据及其规律 ... 70

第五章 "信息缺省"的补偿行为探究 ... 75
第一节 "合并"的补偿 ... 75
第二节 "弱化"的补偿 ... 79
第三节 "偏差"的补偿 ... 83
第四节 "移位"的补偿 ... 88
第五节 补偿行为的影响因素 ... 90

第六章 "信息缺省"的触发原因探究 ... 93
第一节 冗余信息 ... 94
第二节 可忽视信息 ... 99
第三节 专业技术信息 ... 103
第四节 语言结构逻辑瑕疵 ... 109
第五节 冗余不足 ... 116
第六节 发布瑕疵 ... 119
第七节 其他原因 ... 124

第七章 结论 ... 125
第一节 研究总结与发现 ... 125
第二节 研究贡献 ... 130
第三节 研究局限及未来展望 ... 131

参考文献 ... 133
附　录　语料转写节选 ... 147
致　谢 ... 161

表目录

表号	标题	页码
表2-1	蔡小红信息切分示例	26
表2-2	杨承淑信息简化分类	29
表2-3	本研究信息缺省分类及定义	30
表3-1	本研究工作语段一览表	43
表3-2	本研究译员背景一览表	43
表3-3	各类信息缺省的标注符号	52
表4-1	五场会议出现信息缺省语段的统计	55
表6-1	信息缺省对应的源语中出现信息冗余的次数	99
表6-2	与冗余信息同时发生的信息缺省类型及数量	99
表6-3	信息缺省对应源语中出现可忽视信息的次数	102
表6-4	与可忽视信息同时发生的信息缺省类型及数量	103
表6-5	信息缺省对应源语中出现专业技术信息的次数	108
表6-6	与专业信息同时出现的信息缺省类型及数量	108
表6-7	信息缺省对应源语中出现结构逻辑瑕疵的次数	115
表6-8	与结构逻辑瑕疵同时出现的信息缺省类型及数量	115
表6-9	信息缺省对应源语中出现冗余不足的次数	118
表6-10	与冗余不足同时出现的信息缺省类型及数量	119
表6-11	信息缺省对应源语中出现发布瑕疵的次数	123
表6-12	与发布瑕疵同时出现的信息缺省类型及数量	123
表6-13	信息缺省对应源语中出现其他原因的次数	124

图目录

图 2-1　Setton 的心理模型 11
图 2-2　Shannon 的信息传输模式 22
图 2-3　Berlo 的 SMCR 传播模型 23
图 2-4　本研究分析框架 34
图 4-1　每场会议中"删除"的次数 58
图 4-2　每场会议中不同层次的"删除"占比 58
图 4-3　每场会议中"移位"的次数 60
图 4-4　每场会议中"合并"的次数 62
图 4-5　每场会议中不同层次的"合并"占比 63
图 4-6　每场会议中"偏差"的次数 64
图 4-7　每场会议中不同层次的"偏差"占比 65
图 4-8　每场会议中"弱化"的次数 66
图 4-9　每场会议中不同层次的"弱化"占比 67
图 4-10　每场会议中"流失"的次数 69
图 4-11　每场会议中不同层次的"流失"占比 69
图 4-12　五位译员出现信息缺省的综合分布情况 70
图 4-13　各类型信息缺省的累计出现次数 70
图 4-14　各类型信息缺省在所有信息缺省中的占比 71
图 4-15　不同性质的信息缺省占比 72
图 4-16　各译员发生"信息缺省"的频率（次／分钟）...... 72
图 4-17　每场会议工作语段的源语语速 73

第一章

绪 论

第一节 选题来源

无论口译还是笔译,如何简化信息都是重要议题。在笔译双语平行语料库的研究中,Baker(1993:243)就已经指出,"翻译文本主要表现出简略化(simplification)、明朗化(explicitation)、规范化(normalization)等普遍特性"。其中简略化排在第一位。针对口译,Baker(1998:82)的语料库研究也曾指出,"减缩(reduction)是口译最重要的策略,可以压缩信息分量与传输负荷"。

但长久以来口译的基本要求就是:口译必须忠实于源语。Herbert(1952:4)提出,口译要"完整并忠实地"传达源语发言人的意思。在最早的一篇口译论文中,Glemet(1958:106)也提出,译员应"如扩音器那样忠实地"进行传译。事实上,口译与笔译的工作方式大不相同,口译员要"在公开场合面向公众进行一系列复杂的认知和技能操作"(Jimenez & Pinazo, 2001:105),同时译员的口译会由于许多"未知因素"而偏离轨道,这些未知因素包括口译过程中随时可能出现的"术语、口音及技术知识不足"(Riccardi et al., 1998:97)。同时,口译,尤其同声传译,面临的双语转换时间十分有限,信息减缩的需要也更为迫切。那么,口译活动中这种信息不对等现象的具体成因究竟是什么?是背景知识的欠缺、认知记忆能力的欠缺,还是一种有意识的策略选择?这正是本研究试图探讨的问题。

一、源于对同传实践的观察

同声传译是一项即席性的双语传译活动,"源语信息只出现一次,稍纵即逝;译者的源语输入和译语输出几乎是同时产生的;译员需要用极其有限的时间完成信息的解码、编码和表达,实践证明只能有几秒钟的滞后"(Chernov,1979:277-278)。同声传译员在会议现场接收到一段源语信号,需要理解和加工处理,同时又要立刻产出目标语,因此必须当机立断。

根据笔者多年的同传实践和观察发现,对同传译员来说,在实践中接触较多,挑战最大的,恰恰就是技术领域的会议。随着中国国际地位和研发创新能力的不断提高,越来越多高新技术类的国际会议选择在中国召开。这类的会议涉及该技术领域最前沿的发展,围绕新技术深入探讨,涉及各学科的不同知识,这使得同传这项本就十分复杂的信息处理活动更具难度和挑战性,极易出现信息缺省。同时与会者,包括讲者和听众,多为该领域的从业人员,深谙技术背景,甚至还有不少精通双语者,所有这些都给该领域的"门外汉"——同声传译员带来不小的压力。因此在同声传译,尤其是技术领域的同传中,信息缺省是个十分普遍的现象,再优秀的译员也无法保证百分之百地传递源语信息。值得注意的是,许多缺省现象非但没有对实际口译效果造成重大影响,反而"在一定程度上满足了具体交际情景的要求,有利于口译任务的顺利完成"(Gile,1992;Hale,1997)。因此,彻底了解信息缺省有助于深入了解同传的时间限制与资源分配不足的问题。

二、源于技术领域同传的挑战

高质量的口译表现离不开对源语语言内容的正确理解。因此正确理解源语的内容,是同传译员面临的首要挑战。刘和平(2001:68)将口译中的理解总结为"从听到理解的过程中人脑对信息的处理"。口译语境下的理解不仅指对源语语言表层意义和语言结构的理解,更重要的是对语言知识和语言外知识的理解,充分领会讲者的意图。Gile(1999:155)提出了日常语言交际模式下的"基本理解等式"和"翻译中的理解等式"来体现翻译中理解的特殊性。"基本理解等式"为:C(理解)=KL(语言知识)+ELK(语言外知识)。"翻译中的理解等式"为：C（理解）=KL（语言知识）+ELK（语言外知识）+A（分析）。

也就是说，翻译中的语言交际和日常的语言交际不同，译者需要进行大量的分析。

而在口译实践中，口译主题内容极其多样化，具有程度不一的专业性。如果源语内容和高新技术相关，带有很强的专业性，那么势必对口译员的信息分析和处理能力提出额外的要求。技术领域同传有哪些特征呢？刘和平（2002：35）将"以口译（交传或同传）为媒介传播科学与技术的相关知识与信息的社会交际活动称为'科技口译'"。与文学文化类翻译不同，科技口译的目的是为了传递专业信息，互相交流、借鉴有用的技术信息，以促进该学科技术的发展。科技文本所传递的主题信息是"关于某个主题的事实，关于客观世界的认识。它是客观的，具有跨文化、跨民族性，因此对这种信息的解读不会因文化、民族的不同而不同"（吕世生，2004：24）。科技口译有其内在的规律和要求，具有"逻辑性强、概念清楚、用词准确、表达简练且专业性强"的特点（刘和平，2002：38）。

源语内容的专业性要求译员做好前期的语言和主题准备，以弥补专业知识的欠缺，同时还要尽可能与演讲者接触，了解发言大纲和逻辑安排，还要了解听众期待，才能在翻译过程中充分利用认知补充和调动知识系统，顺利完成翻译任务。可见，在专业性强的口译中，译员需要把握演讲者的真实意图，并使用符合目标语规范和行业习惯的表达，才能满足听众期待。做到这一点并非不可能，Gile（2005：150）指出，在进行高度专业化演讲的口译时，即使译员对这些领域不熟悉，也可能依靠自身的"语言知识""语言外知识"和"分析"有效地理解源语的内容。

对译员而言，技术领域同传有来自三个方面的挑战：

其一，来自语言的挑战，包括词汇和语篇层面。词汇层面，每个专业领域都有自己的专业术语和行话，译员短时间内需要记忆大量新词汇，同传中这些新词汇的迅速转换会带来巨大的认知负荷。另外，许多通用词在不同专业均有特定含义，若译员按通用词汇翻译，对专业听众而言，极易暴露译员专业知识的短板，因此必须使用符合目标语规则的表达，才能满足听众期待。语篇层面，不同体裁的语篇，冗余度也不同（刘宓庆，2003）。而在语际交际中，如果简单地"把一种语言中的冗余成分原封不动地搬到另外一种语言中，这些冗余成分往往不是过度便是不足，与另一种语言信息接收者的信道容量难以吻合，影响交际的顺利进行"（王燕，2002：2）。翻译是一种语际交际，因此译员需要调整源语中的冗余成分，对专业技术信息进行有效处理和取舍，才能过滤出最关键的信息。

其二，背景知识的缺乏带来的挑战。由于技术类会议的讲者和听众多为业内人士，对于默认听众应该了解的基本技术内容，讲者往往不加解释一语带过，甚至频繁出现意义乃至语法不完整的句子。比如在一次空调的研讨会中，讲者说"用5号管的话程序上我们是要补一下的"，词汇层面并没有专业术语，但对译员来说，"程序"是program还是procedure？"补"又是什么意思？很多时候，对于有背景知识的听众而言，他们是一点即明，而译员却在不断摸索。Bertone（2008：115）说过，"译员经常需要翻译他们事前一无所知的概念、想法或思维架构，此时译员就好比桥梁和信鸽，会如同在黑暗中前行一样，感觉尴尬和不安"。

其三，同传技能使用方面的挑战。同声传译就是进行意思表达或者代码转换。"除了固有名词、数字以及专业词汇的代码转换外，同传处理是一个进行意思表达的过程，因此必须以源语信息中的关键词为信息点，凝聚成前后关联性较强的意义单位，并借助少量修补的手法，达到句子应有的语言形式及语意内涵"（Lederer，1981：22）。然而，受EVS（ear-voice-span）的影响，译员的理解与表达更容易受源语语言结构的束缚，再加上专业内容的干扰，势必给同传技能的使用带来更大挑战。

三、源于口译研究中相关研究匮乏

长期以来，口译研究是以口译的认知处理研究为主导。但是，要对口译行为进行充分的理解和阐释，不仅要研究口译的认知过程，还要对口译行为的结果，即口译产品，进行观察和研究。相对于口译过程而言，"口译产品是一个研究得很不够的领域"（王斌华，2013：55）。即便在已有的口译产品研究中，信息缺省也常常被简单划分为翻译错误而不做研究，但越来越多的研究开始表明，在口译交际场景中，完全转述的策略非但不实际，也没有必要。直到目前，同声传译中信息缺省的实证研究依然相对较少，尤其是博士层面的研究。此外，已有的实证研究主要针对一般意义的同声传译，未做行业领域的细分，因此即便涉及技术领域的同传，也并非是将其作为研究重点。仅有孙海琴（2012）针对IT行业的专业信息密度对同声传译脱离源语外壳的影响做了实证研究，尚无博士论文针对其他更多技术领域的同声传译进行过实证性研究。

究其原因，首先是由于口译产品研究的困难。王斌华（2013：59）指出，口译产品研究的困难首先体现在口译话语语料转写中，因为"一方面，把话语语流切分成句并加上标点，在一定程度上去除了口语性；另一方面，口语话语的副言语和非言语成分在转写中如何体现和标注也是一个困难；除了标注困难之外，其工作量也是甚为巨大的"。

其次，是由于信息缺省成因十分复杂，不如笔译文本容易察觉，而且在过去的研究中，大都将其归为误译而不做研究。杨承淑（2010：321）认为，"简化的成因大都属于外在变因，如语速、话语情境以及同步线性的信息处理模式，而非语言组合、口语或书面语特征等普遍性较高的因素可以涵盖或解释，因此口译员个别的选择性与技术性调整的特征，高于规律性的义务性调整手段。"

再次，是由于语料收集的困难。技术领域的会议不同于许多其他会议，由于经常涉及业界或者公司内部最前沿的技术，基于对自有技术的保护，有不少主办方在会前会要求译员签署保密协议，不得以任何方式泄露会议内容。因此，要获得符合研究条件的真实会议语料并不容易。

第二节　研究目的

据此，本研究将针对信息缺省的内部结构与外在形式进行论述与分析，考察其在同声传译中的规律和处理原则。研究视角落在汉英同传中的信息缺省现象，将对五大高新技术领域译语中的信息缺省进行充分描述与解释，而不做规定性的判断。通过分析和考察译语信息缺省的类别和层次，在源语中分别寻找并确定各自的触发原因，以明确技术领域同传给译员带来怎样的困难。随后，本研究还将考察当信息缺省发生时,译员有无采用以及如何采用同传策略对缺省的信息进行补偿。

第三节　研究意义

　　本研究通过对职业译员在五大高新技术领域同传的译语产出进行录音转写及分析,观察同传中的信息缺省现象。彻底了解信息缺省有助于解决同传的时间限制与资源分配不足的问题,丰富同声传译领域的实证研究内容,为已有的同传实证研究提供有力补充。

　　通过研究信息缺省的触发因素和译员的补偿策略,能更深入了解技术领域同传的主要问题触发点,指导译员更好地做译前准备工作,为有效完成技术领域的同声传译提供启示。

第二章
文献综述及理论分析框架

认知心理学认为,我们对世界的感知、思想和行动取决于内部的转换和计算。信息首先是由感官获取,但"我们对信息的理解能力,将其与过去经验结合,以及选择合适的反应则有赖于一系列过程的相互作用,这些过程包括信息的感知、编码、存储和提取"(Gazzaniga, 2002:97)。同样,口译译员首先"辨识和保留源语发言中的信息,接着对信息进行分析、编码和存储,最后通过主动提取并将信息编码至目的语,完成对信息的识别和回忆,这就是口译的全过程"(康志峰,2012:17-18)。本章节回顾同传中信息的理解和选择的研究文献,主要集中在以下三个方面:同传中的信息处理、同传中的记忆、信息缺省的相关研究。

第一节 同传中的信息处理

口译研究中最核心的问题之一,就是信息处理过程的研究,具体包括口译过程分析、口译的记忆机制、语言转换模式、译员的监控调整等。其中比较完整的过程研究为 Gerver 的信息处理模型、Gile 的认知负荷模型及 Setton 的心理模型。

一、Gerver 的同声传译心理加工模式

同声传译的模型研究方面，Gerver（1976）和 Moser（1978）是较早期的代表。心理加工模式描述了源语输入和目标语输出过程中的心理结构和加工步骤，描述了译员如何在认知层面处理信息。Gerver 的模式描述了口译过程中两个主要机制："记忆结构（包括短期缓冲存储、长期缓冲存储、产出存储等）和译员可控的步骤（包括输入信息的筛选、译语输出的预测、输出监控即再加工等）"（Moser,1997：8）。模式中的"缓冲记忆存储（buffer storage）会通过判断源语信息或当下翻译资源是否充足，而做出判断选择"（Moser,1997：9）。该模式还明确区分了语言表层含义和深层含义（即译员真正理解的含义），实际上描述和解释了信息缺省的客观存在及发生过程。Gerver 通过实验设计与分析，采用信息处理法，去证实最合适的同传语速，同传中的认知资源分配，环境因素的影响，以及译员个人特征对口译的影响等，其实验数据直到今天依然具有十分重要的参考价值。遗憾的是，这一模式并未用于后来的实证研究。

二、Gile 的认知负荷模型

Gile（1995：169-172）的口译模式研究进一步诠释和补充了 Gerver 提出的口译信息处理流程模式，他用以下几个数学公式表述同声传译的多任务处理模式：

（1）SI=L+P+M+C，即同传=听力理解+翻译+短期记忆+协调。

（2）TR=LR+MR+PR+C，即同传总要求=听力能力要求+短期记忆能力要求+翻译能力要求+协调能力要求。

（3）TR<TA，即同传总要求<译员能力总和。

（4）LR<LA，即听力能力总要求<译员听力能力总合。

（5）MR<MA，即记忆能力总要求<译员记忆能力总合。

（6）PR<PA，即翻译能力总要求<译员翻译能力总合。

（7）CR<CA，即协调能力总要求<译员协调能力总合。

根据以上公式，只有当译员的能力总和能够满足要求总和时，口译任务才能顺利进行。此外，译员的单项任务处理能力也应该满足该任务对译员能力总要求，简单地说，只有同时满足（3）~（7）这5个条

件，译员才能在翻译时游刃有余。

这个公式也说明，口译任务越难，需要的处理能力就越多。如果其中一项任务分配的认知处理能力太多，那么分配到其他任务上的能力就相应减少，从而影响口译的顺利进行。例如，一个译员若是过分追求译文行文及用词，花在这方面的注意力太多，对新信息的接收和理解所能分配的注意力则会减少，处理能力随之下降。但是，任务的难度不可一概而论，译员的语言能力、心理素质、背景知识以及对各项任务的认知处理能力都有所不同。新手译员常常因为不能协调好认知资源分配，而造成单项任务的处理能力临时不足。这也解释了为什么未经口译训练的双语者不一定能做好口译，尤其是同声传译，因为即使有足够的单项任务的分开处理能力，却不一定能协调好分配在各项任务上的处理能力，换言之就是无法同时进行多任务处理。

认知负荷模型可以有效解释形成口译失误的两类原因，一类是口译员认知负荷过载（cognitive saturation）所导致的。职业译员已经具备基本口译单项技能，对他们来说，认知负荷过载可能由客观因素和主观因素导致，其中"客观因素包括问题诱发因素，即源语语言特点及口译发生环境的特点；主观因素主要指口译员本身，如注意力突然无法集中等"（Gile，2009：166-167）。问题诱发因素包括"源语语速过快、信息密集、口音过重、语法有误、语言风格或论述风格少见、名称译法不知道、声音质量不佳，以及源语与译语句法上的巨大差异"（Gile，1997：207）。另一类并不是整体资源的过载，而是"能力管理（capacity management）上的问题，其典型表现是，当前不应形成很大困难的任务却难以完成，原因是认知资源过多地用于先前的任务，而难以充分地解决当前看似容易的问题"（Gile，1995：171）。具体来说，"有时一些影响口译质量的因素并不存在（如噪声、源语言发布速度过快、发音差、源语技术信息含量高、原句句法结构复杂等），但口译错误或遗漏依然出现，因此这些现象显然不能由译员的语言水平、百科知识或口译技能等因素来解释，其真正原因在于认知资源的配置与协调效率"（Gile，1995：175）。

Gile还分析了同传形成短时记忆负荷的主要原因，包括："源语语音提取到理解加工之间的间隔；译语信息从确定到发布之间的间隔；由于源语发音、语言逻辑、言语错误等原因迫使译员等待更多源语信息以确定具体语段意义；语言上的原因，如源语与译语之间句法结构上的差异常常使译员等待较多语言信息以决定该如何转换，因而增加记忆负担；源语语篇的'信息密度'(information density)，即每单位时间所要处理的信息量。信息密度越高，记忆负荷也越大；源语'话语密度'(speech density)，即发布速度。高话语密度（high speech density）则是导致口译问题或失误最主要的因素。"(Gile, 1995：172-176)

上述原因说明，如果源语与译语句法结构差异很大，同传译员则不得不在短期记忆中存储大量信息之后才能译出，因而处理能力的需求增加，同传质量下降。如德语法语间的同传，或日语英语间的同传中。英语与汉语语言虽然不属于 Gile 的研究范围，但是这两种语言在句法特别是语序等方面存在巨大差异。心理语言学家认为，某些句法结构更便于理解，而某些句法结构则会影响对话语内容的预测，或对短期记忆的需求较高，理解起来更为困难。在"某些修饰成分位于被修饰词之前的语言中，存在过多的嵌入式结构，该结构尤其会增加理解人的负荷，在口译的巨大认知压力下，对这些嵌入式结构的理解就可能出现困难"(Gile, 2009：173)。所以本研究认为英汉语序差异也可能是中英同传中的一个主要的问题诱发因素，当中英文语序差异较大时，短期记忆需求增加，而增加的短期记忆需求会与其他单项处理能力竞争，可能导致译员耳听口说时间差延长。

值得一提的是，Gile(1995：168-169)所说的认知资源主要是"注意力和短时记忆力"，他提出的由于认知资源分配不佳而引起口译失败这一观点和后来 Just & Carpenter (1992, 1995)提出的"资源分配政策"(resource allocation policy)理论不谋而合，即资源分配协调不良是导致口译任务失败的重要原因。

认知负荷模型解释了同传中译员受到的限制，以及产生口译错漏的触发因素，却没有说明译员如何通过认知资源的分配来处理和弥补这些问题，这正是本研究试图解释的问题之一。

三、Setton 的心理模型

Setton(1999：15)认为："口译过程的核心是，口译员要在认知系统中建立并不断修正包括口译环境（situation）与话语（discourse）在内的心理模型（mental model）"。Setton(1999：17)认为"在话语理解过程中,会形成一系列的意义或命题,这些意义或命题在记忆中组织起来,其组织结构与真实情境或想象情境一致,则会更有利于信息的保持与提取"。该模型通过关联理论等认知功能理论及语篇理解的模式,描述了口译员的决策过程,具体包括译员经过语言辨识,意义确定和口译产出等一系列过程,得出的意义推导因素包括"推论,记忆,百科知识,语境情境,话语类型等"(Setton,1999：15)(图2-1)。他认为："针对Gile的认知负荷模型而言,不应仅就记忆、听取、产出、协调来探讨,还必须加上推论(inference)才算完整"(Setton,1999：249)。

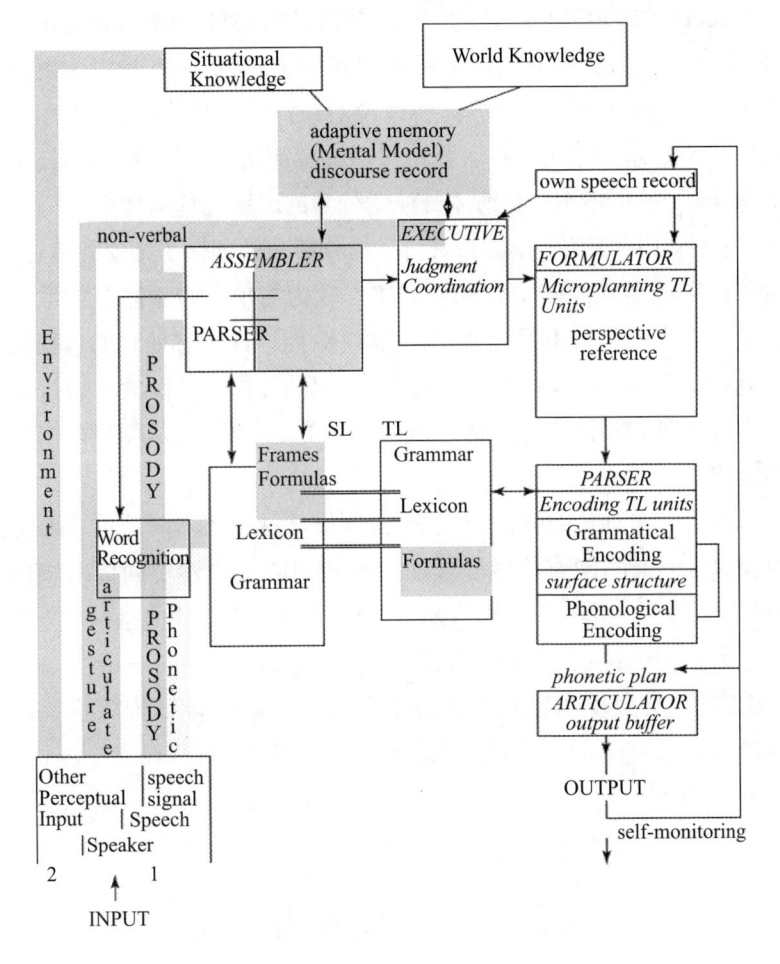

图2-1 Setton的心理模型

Setton(1999：250-251)的心理模型的理论框架包括四个理论层面：

（1）关联理论（relevance theory）（Sperber & Wilson, 1986）：前后文衔接越好，处理时越轻松，因为信息的关联性高。

（2）语言行为理论（speech act theory）（Austin, 1962；Searle, 1969）：译员通过了解说话行为与说话内容，充分把握说话者的意愿，据此产出译语。

（3）框架语意（frame semantics）（Fillmore, 1982）：从长期记忆与文本中唤起概念意义的机制。

（4）心理模型（mental model）（Johnson-Laird, 1983）：在听取信息时，理解内容的过程。

Setton（1999：3-4）认为，实践中观察到的口译效果的变化或改善，更多是"由于更有效地运用语用和知识资源，而不是由于更好地协调有限的认知加工资源"。所以说对口译实际效果而言，语用知识和交际策略作用更大。本研究希望通过实证研究，考证在高新技术这个特殊领域的同传中，制约译员补偿行为的因素究竟是什么。

Setton以语用论为基础，对信息的分析和处理做了细致的描述，但对源语和译语之间的中间平台描述得较为简单。由于同声传译的信息处理的中间平台不是具体存在的实体，而口译信息处理的过程又十分复杂，因而要去具体描述实属不易。但是，我们可以尝试通过对包含不同译员和不同主题的语料进行详细的对照分析，从而提取出其中的规律性。

以上三个理论，实际上从三个不同维度探讨了本研究的主要研究对象。Gerver的同声传译心理加工模式实际上描述了同传中"信息缺省"发生的过程；Gile的认知负荷模型则说明了"信息缺省"的触发原因；Setton的心理模型则解释了"信息缺省"的补偿行为。上述三个理论，构成了本研究主要的理论依据和框架，本研究将借鉴以上理论，对"信息缺省"进行多维度的描写和解释。

第二节　同传中的记忆

在同声传译中，译员的信息听辨存储、意义提取、语言转换、译语产出、译语监控调整等一系列认知加工任务紧密相连，甚至同时进行，会对口译员的信息保留与加工能力形成巨大认知负荷。因此,"记忆能力是顺利完成同传任务的一项关键认知素质"(De Groot,1997)。Daro & Fabbro(1994)与Spadilla et al.(1995)分别针对口译员的短期记忆(short memory)与工作记忆(working memory)进行比较实验,得出译员这两种记忆能力都超出非译员约30%,说明记忆能力在口译活动中的必要性。"理论上,口译记忆研究能使我们更科学地理解口译过程中记忆要素的性质和特点,更好地认识记忆能力在口译活动中的作用,以及整体的口译认知操作过程;实践上,口译记忆研究对正确对待认知能力与口译技能的关系,改善口译实践效果,也有明显意义"(张威,2011:7)。根据同声传译EVS(耳听口说时间差)的研究,"同传的EVS约为2~10秒"(杨承淑,2010:6)。这就是同传译员仅有的处理时间,译员需要在数秒内充分利用有限的记忆空间,快捷地完成耳听到口说的处理和转换,这也正是同传过程研究最想了解的问题。

由于同声传译与认知记忆关系密切,因此工作记忆能力在同传中的具体运用,也就成为口译认知研究关注的核心问题之一。

首先,工作记忆容量是影响同传效果的重要因素。认知心理学的研究表明,虽然工作记忆的存储容量有限,存储时间也很短,但其容量不是恒定的,与口译任务性质也有密切关系。此外,工作记忆容量越大,口译效果也越好(Cantor,1991;Whitney,1991;Just & Carpenter,1992)。

其次,工作记忆的调配效率和同传活动的关系密切。口译实证研究显示,不同译员口译能力各不相同,口译效果有很大差异,但他们在工作记忆容量方面没有显著差异。而在认知资源的调配能力上,职业口译员要明显强于非职业译员,这说明"造成工作记忆个体差异的原因并非仅仅是记忆容量不同,而是在认知加工技巧和效率方面的差异,尤其是工作记忆资源的运用效率差异"(Just & Carpenter,1995)。

再次,工作记忆和其他口译能力间的相互作用也值得重视。一般认为:"口译员的基本素质或基本技能,可归纳为语言类和非语言类两大种"(鲍刚,1998:302-310)。工作记忆能力属于一般认知能力,是非语言要素,它如何与口译其他能力和要素,如口译规范和翻译策略,相互作用呢?很多时候,为顺利完成口译任务,译员常常会对信息的重要性做出自主判断,选择省略、概括、重复、解释、转换等相应的口译策略(Barik,1975/2002;Gile,1995:201-204)。Shlesinger(2000a、2000b)

的研究表明,在信息记忆压力较大的情况下,为减轻记忆负担,译员也常常会选择省略,概括或解释的策略来处理。可见,相对而言,口译策略的应用往往对口译的实际效果起更明显的作用。认知记忆与其他多种口译能力和语境因素相互作用,共同影响着口译认知加工的过程和结果。

张威(2009)对工作记忆与同声传译的关系进行了实证研究,创立了口译记忆模型,揭示了工作记忆与口译资源分配和口译效果之间的相互影响,彼此制约的关系。实证数据表明,源语发布速度和源语语言结构会影响工作记忆资源的分配,进而影响口译效果。这一模型首次说明了工作记忆与工作语言转换方向的关系,证实了工作记忆对英汉同传效果的影响要大于汉英同传。

该研究还对汉英同传中的省略现象做了深入的研究,发现实际口译情景中,有相当一部分省略现象(13%)是由于口译员工作记忆能力难以有效应对信息保持需求负荷。而且"由于记忆负荷超载而形成的信息遗漏在个别场合对源语信息的完整性还产生了较为严重的影响"(张威,2009:57)。这些都说明认知记忆能力在口译过程中的重要作用。但研究也指出,认知记忆资源的作用并非一成不变,而是呈现曲折变化。"记忆资源的作用在口译语篇开始与结尾阶段要更加明显,而在语篇中间发展阶段,则相对减弱"(张威,2009:57)。

关于同传与认知记忆关系的研究方法多为实验性研究,但在实验性研究中,"由于口译语篇类型、口译环境、口译心态等因素与真实口译情景有重大区别,其相关结论也自然难以完全客观地反映真实口译语境下口译活动的实际状况"(Liu,2004:32)。而这也正是许多口译研究者对实验法及其结论持怀疑态度最主要的原因之一(De Groot,1997;Gile,2000)。因此,本研究采用真实的会议现场录制同传产出,以便真实地呈现同传现场的情况和译员反应。

第三节　信息缺省的相关研究

根据认知心理学,在任务执行中,对某些信息的节略性处理,被称作省略(omission),也被称为简化(simplification)或遗漏(loss)。

这种节略性处理是"为完成具体认知任务而进行的一系列认知决策过程中一个非常关键的战术选择"（艾森克,基恩,2003：740）。省略的形成既和认知记忆容量或效率有关,更与认知任务的具体环境以及翻译策略有密切联系,因此是"认知的一个切入点,让我们对认知记忆在实际口译操作中的具体作用与形式加以更客观的考察和描述,进而对其性质与特点做出更全面的分析与判断"（张威,2011：78）。在翻译研究和口译研究领域,研究者对于这种信息的不对等,给出了不同的名称和定义。

一、翻译研究领域

早在翻译文本语料库盛行之前,奈达（Nida,1964：227-233）就针对《圣经》的翻译提出了翻译中的七项减译（substractions）和九项增译（additions）。其中减译分别包括：

（1）语意冗余（reptitions）：减除不必要的重复。

（2）特定指涉（specification of reference）：删减明确的特定指涉。

（3）连接词（conjunctions）：前后句的从属或连结关系改为平行结构。

（4）转折词（transitionals）：表示实践先后的承上启下关系。

（5）类别词（categories）：表示复数等形式的省略。

（6）称呼语（vocatives）：省略直接的称呼语。

（7）常套句（formulae）：省略译语中不用的常套说法。

奈达的分类不仅依据源语的语言形态,同时还依据译语的语意内涵。

二、口译研究领域

经过笔者梳理,发现口译信息缺省领域已有研究,主要是从四个维度进行的：基于口译产品的研究；基于语意和信息单位的研究；基于口译认知过程的研究；基于口译规范的研究。

（一）基于口译产品的研究

早期的信息不对等研究多着眼于口译的产品研究。自20世纪六七十年代实验心理学研究者开始比较源语和目的语,进行"错误分析",重点考察译员的口译译语与源语之间的各种"偏离"(deviation)现象。

1. Barik：翻译偏离

错误分析法的典型案例是Barik(1969)关于"翻译偏离"(translation departures)的分类方案。他把翻译错误分为"省略,增添和替代"三大类,以及细分的若干个子类,并推测造成偏离的各种原因。Barik认为"省略是指在原文中出现但是被译员丢失的内容"(Sharon,2004：57)。省略的评判标准取决于源语信息内容,即假如译员将无意义的语言重复或是发言人的假开头(false start)略过不译,这不属于省略的范畴。因此他研究的省略是译员在翻译中丢掉的有一定含义的内容。Barik(Sharon,2004：58-60)将省略分为4类：

(1)跳过省略(skipping omission)：译员对个别词或短语跳过不翻。包括程度形容词、介词、连词、语气词、冠词等。这种省略不会影响原句的语法结构和信息完整度,在同传中一般是可以接受的。

(2)滞后省略(delay omission)：译员在翻译时,无法获取发言人正在讲述的信息,只能等到下一个意群开始再翻译；或者是为了追补已出现的漏译而放弃一部分内容。

(3)复合省略(compounding omission)：译员将源语的信息进行重组,引起省略。译语文本在结构上与源语稍有不同,但基本意思却没有发生明显改变。

(4)理解省略(comprehension omission)：在译员听不懂的情况下,不得已的省略。这种省略很可能会对译文意义造成影响,或者导致译语失去连贯性。

(5)其他省略：包括连词、多余和不可译的内容的省略。

另外,对于省略的不同类别,Barik还探讨了成因,但他认为,在评价同传质量时,一般来说"省略都应视为错误"(Sunnari,1995：60)。

2. Frieda Goldman-Eisler：分裂与融合

无独有偶,Frieda Goldman-Eisler以6位职业口译员为考察对象,针对英法德语组合的9个即兴发言与带稿发言的同传实验,也是针对省略的一项重要实证研究。她提出了三类信息处理单位(Goldman-Eisler,1972：135)：

(1)identity(等同)：指按源语的停顿或词组切分,立即产出译语。

（2）fission（分裂）：源语的词组或意群尚未结束，译员就开始产出译语。

（3）fusion（合并）：储存2~3个词组之后，才加以合并产出译文。

在分裂与合并的成因上，Goldman-Eisler认为德语与英语的动词位置差异较大，因而口译员会在储存较多的字词后才开始翻译，故"合并"偏多（49.8%）。事实上，即兴发言的英法同传中，简化占了49.3%；读稿的法译英中，简化占了40.9%。可见"简化在其他语言组合之下，也都是普遍运用的信息处理手法，是各语言翻译的共性，而非德译英的专属特性"（Goldman-Eisler，1972：138）。在后来杨承淑（2010）的研究中，通过对日汉、汉日的语料对比，发现简化在日译汉仅占22%，而汉译日占24.6%。按照Goldman-Eisler的结论，日译汉的动词词序差异接近德译英的情况，日译汉的简化比例理应更高，但结果正相反。可见，"动词词序相距较大的语种之间，简化偏高似乎并不成立"（杨承淑，2010：302）。在Goldman-Eisler（1972：136）的研究中，译语与源语一对一的对应形式仅占10%，而合并（fusion，即简化）与分裂（fission）的比例高达90%，这是由于"译员在源语信息尚未开始时就进行信息切分，在产出时无视译语早已落后源语多时"。可见，译员对于处理信息的方式是可以和源语的形式脱钩且独立的行为。她还认为，处理口译信息时，译语应再现源语形式及词序，因此合并与分裂都是她眼中的翻译缺陷。

但是，职业口译中出现的偏离现象往往有口译策略、交际功能和语用因素的作用，如果一律将其归为错误，则在"认识论上存在根本的缺陷"（王斌华，2013：61）。Gile（1992：88）也曾指出，口译中产出一个可接受的语篇"需要某种程度上偏离语言对等"，而且通过一定程度的"过滤"来提高语篇的交际效果未必会降低其"忠实性"。

早期错误分析法的根本缺陷在于，不同语种很难在语言层面确定一一对应的关系，于是后来的研究者，如前文提到的Frieda Goldman-Eisler，开始尝试在语意和信息单位层面上对口译的信息完整度进行评估，采用意义单位或命题为基础，探索更为严谨的信息评估方法。

（二）基于语意和信息单位的研究

1. Gile：信息层次分类

Gile认为源语的信息并非全部都要译出，他从信息层次入手，对话语（utterance）信息层次做了区分：即主要信息（primary information）和二级信息（secondary information）（Gile，1995）。主要信息是信息发送者想要传递给信息接收者的意义和意图；二级信息有三种形式：

（1）框架信息（framing information）：由信息发送者选择的信息，目的在于帮助信息接收者更好地理解信息。

（2）语言信息（linguistically induced information）：并非信息发送者选择的，而是由语言或语法规则产生的信息。

（3）个人信息（personal information）：既不是由信息发送者选择的，也不是由语言规则导致的，而是与信息发送者的个人特点相关。

Gile（1995：33）认为，忠实的翻译"至少要包括主要信息，还应该反映信息提供者的特点"，因此"二级信息里最需要翻译的是框架信息，因为它是信息发送者主动选择的；其次是个人信息，它反映了信息发送者的特点，但又不完全由信息发送者控制，最后是语言信息，并且只有当它不影响交流的时候才可以被译出"（Gile，1995：35）。在国际会议同传实践中，有不少即兴发言，其语言不像书面语那样经过精心推敲，因此译员在二级信息上有较大的裁量权，对冗余信息进行缩减，或适当增加，以实现更好的翻译交际效果。

2. Sunnari：宏观信息处理策略

Sunnari（1995：78）认为，"省略是一种宏观信息处理策略，即在宏观结构中，将所有不重要、不相关或者多余的微命题省略不译"。宏观规则有三条：筛选（将重要的微命题归入宏观结构）；省略（在宏观结构中略去不重要的、不相关的或冗余的微观命题）；归纳（将一组命题归纳为一个命题）。

因此，宏观结构的命题数会少于微观结构的命题数。Sunnari认为，在评价译文产出质量时，不能只看译员翻出的命题总数，而要看核心信息是否得以传达。采用宏观处理策略（包括省略）的翻译效果，比什么命题都翻效果要好。经验丰富的同传译员对于如何、何时使用宏观处理策略更有经验。而新手译员容易忽视发言人的关键命题，而一味追赶发言人的语速和节奏，导致译文语序凌乱，甚至错失关键命题。

但Sunnari的研究没有解释译员为什么要使用省略策略，如何使用，省略是否影响译文的质量等问题。上述问题的回答很难仅通过源译语的对比分析来实现,因此较新的研究开始将信息缺省放在口译认知过程中加以研究。

(三)基于口译认知过程的研究

1.杨承淑:口译信息简化

在基于口译认知过程的研究中,杨承淑(2010)的研究较具代表性。她通过不同类型的口译语料的对比分析,并观察分析中英日之间的口译语料,归纳整理多语言间信息处理的操作原则及属性特征,提出系统的同声传译信息处理原则。该研究观察了翻译过程中的信息减增情况,在结合了 Barik 和 Nida 对省略的界定与分类后,就口译中的简化各项重新做了七大类的分类及定义。杨承淑(2010:318)认为,"同传中信息简化并不意味着信息有何减损,其中大多数的删减是具有可回复性(recoverability)的,可从语境、情境、主题以及谈话参与者所共有的知识经验中加以恢复"。

研究认为,在不同类型的口译中,简化的运用程度有所不同。交替传译的简化现象不如同声传译显著,首先是由于同传的信息处理时间大大少于交传,时间压力过大,简化需求更为迫切;其次同传译语产出时的情境跟源语是共有的,而交传译语产出与源语有时间差,因而译员需要补充情境信息。那么,如果我们将研究进一步细化:在不同主题的同传实践中,信息简化程度和特点有无不同?因此本研究选取高新技术领域的五场难易程度依次递增的会议,试图回答这个问题。

值得注意的是,该研究中指出,省略是口译简化当中最为突出的项目,其次则为流失,但由于"流失被认为只是口译常见现象,而不是具有普遍性的翻译手段,甚至大多被视为失败的口译,故不做研究对象"(杨承淑,2010:325)。本研究则认为,既然七种简化现象中,流失占据第二位,可以说占据相当显著的比例,尽管流失是口译现象而非翻译手段,但具普遍性的现象恰恰是多数研究的切入点。况且这个比例的统计尚且不是专门针对技术领域的翻译,由于同传实践中大量出现的专有名词,流失所占的比例极有可能更高,不做研究难免带来遗憾。确定信息流失背后复杂的原因,必将对口译实践具有更多指导意义。

此外,杨承淑还对造成信息不对等问题的口译难题做了阐述。她认为"口译难题主要分为两类:第一类是抽象的语意内涵,包括词汇的语意模糊暧昧或是具有特定语意的专有名词；另一类则是信息密度问题，即在源语语速与口译传译之间产生了速度的落差时，就会产生信息遗漏或判断错误的现象"（杨承淑，2010：88）。

2. 张威：同传中的省略

张威（2011）将现场同传中的省略分为语言形式的省略和语意信息的省略。研究结果显示，语言形式的省略占31%，而语意信息的省略则占69%；从省略性质来看，有意识的策略性省略比例高达75.25%；记忆压力形成的省略占12.63%；主题知识欠缺而形成的省略比例仅为3.54%。因此研究者认为造成口译信息缺省的最主要的原因不是记忆能力，而是口译策略意识和具体应用。大多数省略现象（75.25%）是口译员为完成口译任务而进行有意识性策略选择的结果，这些省略多数对语篇意义没有重大影响。值得思考的是，该统计数据是基于一篇长约17分钟的发言，主题是金融与投资，那么，在技术性更强的同传主题中，在语料时间更长，参与译员更多的情况下，结果是否依然如此？由于主题知识欠缺而形成的省略比重是否会升高？这也是本研究试图回答的问题。

在张威的观察性研究中，另一个引人关注的现象是，许多省略现象都在一定程度上得到了修正，不同程度弥补了省略所造成的信息缺损。在共计198次的各种省略中，共有32次修正，占所有省略的16.17%。其中，记忆负荷性省略的修正比例在各类省略中是最高的（张威，2009：57）。这一结果一方面"证实了口译员对口译过程监督与控制的意识性和目的性，特别是对信息保持与失落关系的认识与相应调整"（鲍刚，1998：161）。另一方面也说明对于记忆压力造成的信息流失，口译员的感受更为强烈，采取补偿措施更为积极，效果也更明显。

（四）基于口译规范的研究

王斌华在其口译规范的描写研究中，对源语-目的语语篇际"偏移"做了定量分析，发现三大类的偏移："增添"类偏移，"删减"类偏移和"修正"类偏移。"删减"类偏移主要存在两种类型："省略性删减（omission），指译员在口译中省略可忽视的信息（negligible information）；压缩性删减（compression），指译员在口译中对松散结构和冗余成分（loose structure and redundancy）进行压缩处理"（王斌华，2013：101）。研究指出，口译目标语偏移的首要动因是，译员在目标语表达中有追求交际功能最优化（optimization）的倾向。口译现场语料的定性和定量分析显示，口译目标语相对于源语而言呈现出"逻辑关系明晰化""信息内容具体化"和"话语意义显著化"的倾向（王斌华，2013：120）。

综上所述，已有的口译省略研究主要是从理论论述或语言形式对比角度，分析省略的类别、特点和对源语信息的影响程度（Barik，1975、2002；杨承淑，2006；张凌，2006），或是从口译实践的角度，将省略作为口译技巧进行介绍或总结（张维为，1994；李长栓，2000；王大伟，2000），而以口译交际场景真实的语料为研究材料的依然十分有限，尤其是包含多译员，多主题的同传语料。因此，本研究以观察现场口译活动为切入点，以口译中的信息缺省现象为研究对象，通过对真实口译语料的分析，描述和解释源语与译语在语言形式、信息等方面的差异及其性质，重点考察译员认知信息处理能力和资源调配能力在真实口译情境下的具体表现，丰富对认知资源、交际场景与口译活动复杂关系的认识。

第四节 关键概念

既然本研究考量的是汉英同传中的信息缺省，那么有必要先厘清以下几个关键定义，这是本研究微观分析的基础。

（1）信息单位：便于量化源语中的信息量或密度；便于统计译文中信息缺省的数量。

（2）信息缺省：便于认定研究对象和范畴，并且进行归类统计。

（3）技术领域同传的情境与信息结构：便于明确本研究涉及的特定情境和信息传递的特殊性。

一、信息单位

在口译的产品研究中，无论定量分析还是定性分析，都涉及分析所依据的信息单位，因此信息测量单位是一切口译产品评估的基本问题。

前文提到，在早期的省略研究中，比较有影响力的是Barik的研究。他认为省略是指在原文中出现但是被译员丢失的内容（Sharon，2004）。今天看来，"内容"一词的界定过于笼统，我们需要给"信息单位"一个更为清晰的定义，这是进行口译产品研究的前提，也是本研究微观分析的重要关键定义。

信息到底是什么？有研究者认为信息等同于意义（meaning）（Miller，1987），有的认为信息是"传递给有知觉的人的知识（knowledge）"（Peters，1988：9）。其中广泛引用的一个定义是"人们接收到的一个或多个对接收者有某种价值的语句（statements）或事实（facts）"（Losee，1997：254）。这一定义超越学科的限制，意味着信息是一系列等级不同又彼此连接的过程，它们使功能和层级不同的各等级间实现交流。从交流理论的角度而言，信息可以说"是某一过程输出后的一系列特征，这些特征提供与该过程和输入相关的知识"（赵军峰，2011：40）。

那么，从交流理论的角度而言，信息是如何从一个点传递至另一个点的呢？其中极具影响力的当属Shannon（1949：5）提出的信息传输模式（图2-2）。

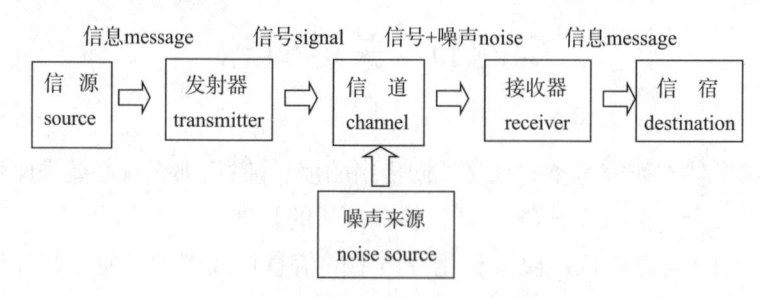

信息message → 信号signal → 信号+噪声noise → 信息message

信源source ⇒ 发射器transmitter ⇒ 信道channel ⇒ 接收器receiver ⇒ 信宿destination

噪声来源 noise source

图2-2 Shannon的信息传输模式

这一模式提出了"噪声（noise）"的概念，认为信息在传送过程中会发生变化，是由于信息在信道传递时难免受到噪声干扰。噪声包括"一切干扰信号的因素"（Shannon，1949：6），包括语意噪声，如人们对词汇、语调、动作或身体语言的不同理解等。如果从口译研究的角度来看这个传输模式，我们可以假设"噪声"的存在是造成源译语信息不对等的重要原因。

Berlo认为，在信息传递中如果能减少"噪声"，就可以提高信息传输的忠实度。他将"忠实（fidelity）"定义为："在何种程度上，交流者得到了其想要的交流结果"(Berlo,1960：72)。他认为"忠实"的信息就是降低了"噪声"的信息,代表正确翻译。"忠实"实际上衡量的是传递后信息的意义在多大程度上与意图意义（intended meaning）一致。据此,他在传播模式中划分了影响忠实度的各种因素,认为传播过程包括四个要素：信源、讯息、通道和受者,说明了影响信源、受者和讯息实现传播的条件,并说明信息传播可以通过不同的渠道（图 2-3）。该模式可以用来解释本研究中的信息传播过程,它说明在口译信息的传播过程中,影响和决定信息传播的效率和效果的因素是复杂的,多种因素相互联系又相互制约。

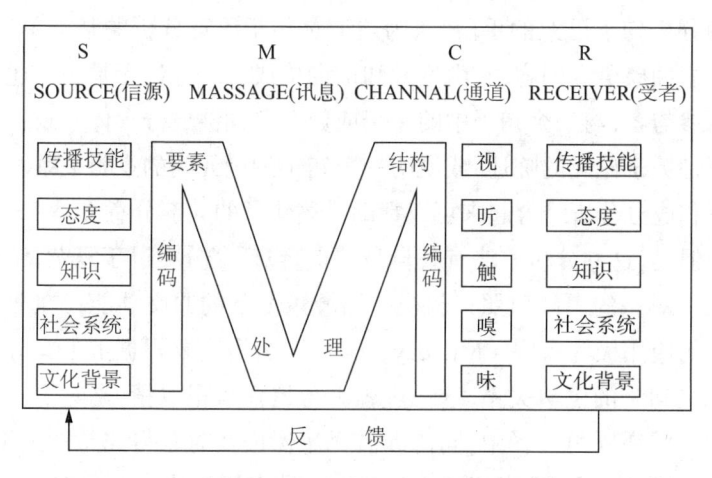

图 2-3 Berlo 的 SMCR 传播模型

Berlo 模型的突出优点是"将我们的注意力引至信息传播的不可预测性,并且指出了几种引起这种不可预测性的因素,包括传播技能、社会系统、文化背景、态度和知识"(赵军峰,2011：24)。其中,传播技能决定信源传播者如何编码解码,进而决定受者能否真正领会信息含义。社会文化体系决定语言及词汇的选择,也决定某一词汇或某一动作所引发的意义联想,因此不同文化社会体系下的传播方式也各不相同。另外信源传播者拥有或缺乏相关知识,也会影响信息传播过程；而受者拥有的知识如果多于或少于信源传播者,也会影响受者对信息的理解。

那么,在信息传播前后的对比中,信息该如何切分呢？在认知语意学中,命题（proposition）是话语理解的基本单位,是最基本的话语表层符号。理解从这一单位开始层层实现:"认知主体构建事件,状态,动作等基本语意类别,并通过时间关系、空间关系、因果关系、从属关系等联系将这些基本语意类别进一步组织起来,形成宏观事件、宏观状态和宏观动作等更高层的语意单位"(Denhiere & Baudet,1992)。如果把源语中的"命题"逐一找出来,那么就可以量化源语语言中的信息量。但是,"命题"的数量并非与源语中的语法结构,单词数量或句子数量一一对应。量化命题需要"找到语言符号之间的述谓关系,据此找出可操作的命题单位,即带有述谓关系的逻辑成分(包括非谓语动词、名词化成分、独立主格结构等)和带有主谓机构的分句"(孙海琴,2012:29)。述谓分析(predication analysis)是由Leech提出的一种分析句子语意的手段,认为述谓是句子语意分析的基本单位,是句子的抽象语意内容,它由论元和谓词构成:一个论元是一个述谓的逻辑参与者,与一个句子中的一个或数个名词性成分大体一致;一个谓词是关于论元的陈述,或说明一个句子的论元间的逻辑关系。述谓分析和成分分析结合起来可以帮助描述句子的大部分意义。

但是,这种分析方法有其自身缺点,包括"分类过于复杂,结构和意义一对一的僵硬对照;忽视了语域角度下的原文功能;在非欧系语言的应用极为有限"(Munday,2001)。分类需要根据上下文分析概括原文句子的逻辑关系,这一过程本身也在去粗取精,剔除语言中的冗余。但在同声传译中,同传译员无法保证及时获得完整的上下文,必须在听到一句话时立刻做出反应:是直接译出还是做其他处理。因此,在没有完整语境的情况下,用述谓分析的方法切分原文信息,在同传中是比较难操作的。此外,在本研究中,我们需要观察的源语是汉语,而述谓分析的方法更多是基于英语的句法结构和语法规则,因此我们需要更为贴近同传工作环境的切分方法。

Weaver和Garrison(1977)针对阅读研究的实证结果表明,阅读时的信息处理的基本单位,就是以词组为主的信息单位。但是,随着阅读能力的增长和阅读材料的难易程度的变化,阅读者的理解方式会逐渐由语法结构向以语意结构为主的信息单位进行理解与分析,从而向词组发展。阅读研究的实验显示,阅读后留在读者脑中的意义,大多与语法结构无关,因此一个单句如果不能形成完整的心理信息,反而不如2~3个句子所形成的信息容易让读者牢记。因此,理解与记忆是以语意信息为基础,而不是以语言的形式或结构为认知的基础。

在口译信息处理中，Lederer（1981）以语意信息为基础提出"意义单位"（unit of meaning）这一概念，即头脑中为了理解而出现的杂乱的意思表述的片段，意义单位是短期记忆中一些词语与先前的认知经验或记忆的综合物。在口译活动中，以7~8个单词为一个记忆单位的源语，只能在译员的记忆中短暂保留，之后"译员认知会对这些字词进行加工处理，将其转换成意义单位；单个的意义单位形成之后，又汇集成更大的意义单位；当意义单位足够大时，译员就能够理解源语讲话的整体意义了"（塞莱斯科维奇，勒代雷，2007）。可惜释意理论提出的"意义单位"不易转变成可操作的参数，这是因为这一概念很大程度上受译员知识结构、认知负荷和交际能力影响。

同声传译研究领域里，对信息单位的探讨通常是以EVS（ear-voice-span）来表示，指信息理解与信息产出的单位，即耳听到口说的时间差。一般认为，同声传译的理想状态是信息产出的单位小于信息接收单位，这样就能避免产出译语时遗漏信息。但口译的过程中涉及记忆容量的限制。Miller的认知实验表明，成人的记忆容量上限为7个词组单位。因此，"一旦超过信息处理容量或时间限制时，就需要重新编码，把信息再度压缩之后，才能继续进行存储或提取"（Miller，1956）。因此，口译的信息处理单位越小，处理的速度越快。

杨承淑将EVS作为信息处理单元，对其外在结构和内部属性做了进一步描述。EVS一般都被描述成"耳听口说的时间差"，然而从其实际功能来看，在耳听到口说的时间差里，发言人进行语法与语意的调整，而译员则进行源语的理解和译语表达的调整。因此在同声传译的研究中，源语和译语的EVS切分是不同的。

"所谓源语的EVS，是指译员已经理解，并在切分之后即可产出的信息单元，其起点是以源语停顿处为起点，以译语产出为终点，或是以上一个切分处为起点，以源语停顿处为终点。而译语EVS的切分则可以以译语产出处为起点，以语意完结的最后停顿处为终点"。（杨承淑，2010：176）

由此可见，EVS实际上是以更容易操作的方式将释意理论提出的"意义单位"做了较为明确的界定，指出对于信息处理单位的切分，必须满足两个条件：1）语意完整；2）含有一个以上的停顿。研究认为在同声传译的信息处理中，较短的EVS对译员是有利的。但是，即听即译的短EVS，有可能造成对信息理解不全，从而导致误译；而过长的EVS,则会让译员无法完整记取信息,容易造成信息遗漏。理论上说,较短的EVS对译员应该是有利的。但是,信息单位既有数量问题,也要兼顾质量问题,"前者与信息单位的定义直接关联,后者则与语篇信息结构的定义相照应"(蔡小红,2007: 42)。因此,对两者的定义既要清晰,又要便于测量和分析。

在蔡小红的口译信息评估研究中,以更多维度的划分,兼顾了信息单位的数量和质量。蔡小红(2007: 42)认为:"信息单位指语意单位,语意单位以含信息的实词为对象,它可以以单词(转折词、形容词、副词)、词组、义段或意群等形式出现"。语意单位可以帮助确定信息数量。在信息质量方面,语篇分析理论认为交际的语篇都应具有完整的信息结构。据此,她认为口译信息评估包含如下三个单位(蔡小红,2007: 42-43):

(1)信息点:以语意为单位,可以是单词,词组或意群等形式。

(2)信息意层:一个完整的意义层级,如因果关系中的原因层级,叙事结构中的时间或地点等层级。

(3)信息结构:一个完整的意义结构、关系结构、事件结构、观点结构等。

她以一个段落的法汉口译文本为例,做了如下切分示例(表2-1)。

表2–1 蔡小红信息切分示例

原文意层	原文信息点	译文意层	译文信息点
原因	28. car 29. il leur semble que 30. celle-ci se developpe vite	原因	28.因为 29.他们认为 30.亚洲,发展的机会更,额快,亚洲发展得更快
结果	31. et on etudie 32. le thailandais 33. le coreen 34. le japonais 35. et bien sur 36. le chinois	结果	31.(省略) 32.像泰语 33.朝鲜语 34.日语 35.当然还有 36.汉语

以上例子中,信息点用来确定信息数量,而信息意层和信息结构

则用来确定信息质量。这样的信息切分兼顾了客观性和可操作性。

在本研究中,信息单位的工作定义可以参考上述"信息点"的定义:以含信息的实词为主要对象,可以以单词、词组或意群等形式出现。但是,我们还需要更清楚地界定,何时以单词为信息单位,何时以意群为信息单位。所以在蔡小红定义基础上,结合同传的特点,本研究以同传译员可以产出的较短EVS为划分依据。这样一来,本研究中的信息单位就可以定义为符合以下两个条件的单位:

(1)信息单位:文本中的语意完整的意义组块,它以含信息的实词为主要对象,可以是单词、词组或意群。

(2)信息单位:足够同传译员进行产出的较短EVS。

因此,本研究将先试图按照出现顺序的先后找到源语的信息单位,再对比译语,标记出译语中无对应译文或译文不全的信息单位,视为缺省了的信息单位。接下来研究将试图为这些缺省了的信息单位定性。定性的依据是其是否影响该信息层级或信息结构功能的实现。

二、信息缺省

本研究的另一关键概念是"信息缺省"。在文献综述部分,已经回顾了重要的相关研究。不同研究者给出的名称和定义都略有不同。

Barik(1969)将这种处理叫作省略,指在原文中出现但是被译员丢失的内容。他认为省略的评判标准取决于原文信息的最终内容;如果译员将无意义的词语重复略去不译,则不属于省略的范畴。因此他研究的省略是译员在翻译中丢掉的有一定含义的内容。

Baker给出的名称是减缩(reduction),并认为"简缩是口译最重要的策略"(Baker,1998:82)。

Goldman-Eisler(1972:135)将译文中简化的信息称作"合并(fusion),即多对一,译员在储存2~3个词组之后,才加以合并译出"。

Sunnari(1995)将这种对信息的节略处理称作一种"宏观信息处理策略,即在宏观结构中,将所有不重要、不相关或者多余的微命题省去不译"。

杨承淑(2010)将此现象定名为"简化",并就口译中的简化各项做了详细分类及定义。其中"流失"这一项,被认为不是具有普遍性的翻译手段,多被视为口译失误,因此不作为研究对象。

张威（2011）将其称为省略,具体分为语言形式的省略和语意信息的省略。从省略性质来看,主要分为知识欠缺,记忆负荷超载,口译策略选择及其他原因等几类。其中口译策略是指"根据具体口译语境或语篇知识对源语形式和信息的重要性进行判断,有意识地省略以提高口译加工效率和实际口译效果"(张威,2011:84)。

王斌华（2013:101）对源语-目的语言语篇际"偏移"做了研究,发现三类偏移:"增添"类偏移、"删减"类偏移和"修正"类偏移。"删减"类偏移主要存在两种类型:省略性删减和压缩性删减。前者指译员在口译中省略可忽视的信息;后者则是指译员在口译中压缩松散结构和冗余成分。

就考察范围而言,在源语-译语对比时,本研究仅关注信息缺省这一项内容,希望对其展开深入细致的观察和探讨。本研究信息缺省的工作定义,参考了Barik"在原文中出现但是被译员丢失的内容"这一定义。但本研究认为,"内容"一词较为抽象,到底什么算"内容"？可以借鉴Gile(1995)对话语信息层次的区分:主要信息和二级信息。其中,主要信息是信息发送者想要传递给信息接收者的意义和意图;可理解为同传实践中的关键信息。二级信息（包括框架信息、语言信息和个人信息）则是次重要或无关的补充信息。Gile(1995:33)认为忠实的翻译"至少要包括主要信息,还应该反映信息提供者的特点",因此"二级信息里最需要翻译的是框架信息,因为它是信息发送者主动选择的;其次是个人信息,它反映了信息发送者的特点;最后是语言信息,并且只有当它不影响交流的时候才可以被译出"(Gile,1995:35)。因此,本研究的"信息缺省"主要考察的是Gile定义的"主要信息",以及"二级信息"中的"框架信息"和"个人信息"。其中,框架信息是由信息发送者选择的信息,旨在帮助信息接收者更好地理解信息;个人信息是与信息发送者的个人特点相关。"二级信息"中的"语言信息",并非信息发送者选择的,而是由语言或语法规则产生的信息,也是Gile认为最没有必要翻译出来的内容,故不作本研究观察对象。

据此,本研究中"信息缺省"的工作定义确定为:

"在原文中出现但无对应译文,或译文不完整的信息单位,包括主要信息,以及二级信息中的框架信息和个人信息。"

因此,本研究的"信息缺省"在性质上分为两种:"减损语意的信息缺省"和"不明显减损语意的信息缺省"。具体说明如下：

"减损语意的信息缺省：影响主要信息的传达，即影响信息发送者想要传递的意义和意图。"

"不明显减损语意的信息缺省：不影响主要信息的传达，但不同程度地影响框架信息和个人信息的传达。"

在关键词选择上，"省略"及"简化""简缩"更偏向人的主观能动性，由于本研究重点关注的是包括译员主动发起的策略性省略和由认知或其他主客观原因不得已导致的信息减少。前期研究已经发现，高新技术领域同传难度较大，非策略性的信息流失占据很重要的比例，因此决定将其纳入研究考察的范围，只对现象做客观描述和成因探究，而不做质量评估的规定性判断，最终本研究中文选用"信息缺省"，英文选用"information reduction"。

在信息缺省的分类上，本研究参考了杨承淑（2010：318-319）的分类方法（表2-2）。该分类比较全面细致，兼顾了形式和内容两方面。

表2-2　杨承淑信息简化分类

项目名称及含义	简化成因
省略：略过部分词语，未改变语法结构或语意	形态冗余，语意冗余
合并：信息结构重组	句间合并，句内重组
紧缩：信息密度加大	源语语速，句子重组
弱化：信息强度暂减	同步线性，词语重组
转置：信息位置变动	话语内外情境
删除：译语不适用的成分	语篇形式，文化词语
流失：无法译出的信息	译出困难，源语语速

本研究以上述分类为大致依据，经过细致的梳理与分析，排除了语言形式造成的缺省，如介词、定冠词、表复数和时态等语法信息的词汇等，仅关注和语意相关的缺省，同时结合前期研究的初步结论，重新调整了每一项的具体所指，加以明确界定，并以表格方式呈现本研究信息缺省的各项分类及定义（表2-3）。

表 2-3　本研究信息缺省分类及定义

名称	具体表现	性质类型
删除	源语信息单位没有对应译文	不明显减损语意
移位	对应译文暂时缺失，但在后续语料中出现	不明显减损语意
合并	重组单词或句子，合并语意	不明显减损语意
偏差	译语与源语传达明显不一致的信息	减损语意
弱化	信息密度降低或强度淡化	减损语意
流失	源语信息单位没有对应译文	减损语意

本研究将观察上述六类信息缺省，进一步对各类型进行统计和观察，深入探究产生的原因和译员的应对策略。

三、高新技术领域同传的情境与信息结构

文献综述部分已经提到，迄今为止，学者们进行的有关口译信息缺省的实证研究，多数偏向对语音、语法和语意等语言内容的处理，但对于语言所依附的情境大多数仅做了简单描述，且主要针对一般意义的同声传译，并未对不同语篇类型（genre）做细分，即便涉及技术内容的同传，也并非是将其作为研究重点。而口译和笔译最大的区别之一，就是在口译的信息理解与产出过程中，译员必须结合语言信息和情境信息才能构成完整的意义概念。仔细考察口译源语和译语，我们会发现，源语信息除了语言信息，还包括隐含在情境之中，并未以语言形式表达出来的信息。这些信息理应纳入观察范围，才能对源语信息做完整的研究。

Setton也注意到了情境（speech situation）与语言之间的联系，他从语用学的角度，指出"通过对命题态度（propositional attitude）的观察可以预测说话者的信息内容"（Setton,1999：188），词语标志包括：情态词、连接词、韵律特征或对比强调等手段。

具体到技术类会议的情境中，涉及的因素则更为多样，包括听众手中的会议日程和相关材料，现场PPT里的标题、缩略语、数据、图表和公式，甚至包括现场视频短片的内容等。当这些信息和语言表达一

起呈现在听众面前时,其情境意义也同时发挥着作用,很多时候仅靠发言人的口述内容,无法全面理解话语内涵。

具体来说,情境因素可以划分为境外指涉与境内指涉。其中,"境外指涉的特征是以突兀的方式介入话语,不依附于言谈(utterance),具有引介新话题的功能,指涉对象具有物理性;境内指涉则以缓和渐进的叙事手法进入话语,且情境内容依附于言谈或话语脉络"(杨承淑,2010:32)。因此,译员应重视境外指涉的话题引入功能,而对境内指涉,则应加强记忆,以免信息流失。那么,译员会不会将境外指涉这种复杂的信息转换为译语?如果会,又如何转换,且不流失其他的信息内容?通过对交替传译和同声传译语料的对比研究,杨承淑发现,交替传译时,译员无法和听众同时利用境外指涉,因此需要在译文里补充,如加上"第一、第二"等;而在同声传译中,译员则更易紧密结合境外指涉,以简化译语,减轻信息保存与产出的负荷。一般来说,针对情境中的实体指涉,如人、事、时、地等,译员多会以具体词汇加以描述。此外,译员还会通过感叹词、情态词等把信息焦点移到句首。因此,是否考虑情境因素,会直接影响我们对信息完整与否的判断,也直接影响沟通的效果。

那么,信息又是怎么样在某一情境之中,在讲者和听众之间传递呢?这就有必要从信息的内涵和结构开始探讨。我们观察本研究口译主题和情境的关系时,会发现其中的确包含已知信息(given information:指说话者和听话者通过情境而共知的信息)和未知信息(not given information:主题为听话人未知的信息)。针对信息传递模式的研究中,Grimes提出了重复结构(overlay)的信息传输模式。他认为,"话语组合顺序由旧信息,新信息,信息重点(highlight)等因素决定,通过不断重复旧信息与加入新信息,实现信息的传递,其中信息重点是指话语信息的焦点内容"(Grimes, 1975)。Grimes的理论实际上肯定了信息内容的主次划分,这一点对同声传译的研究是很有意义的。

信息要顺利传输,必须满足四个条件(杨承淑,2010:88):

(1)信息是由说话者/听话者内在的直接体验获得的(如感觉、记忆、判断等心理活动)。

(2)信息是由说话者/听话者外在的直接体验获得的(经五官等外在直觉而得到的直接体验)。

（3）信息是与说话者/听话者熟悉领域的相关内容。

（4）信息是与说话者/听话者个人相关的事物。

在技术领域的同传中，这样的信息传输结构尤为明显：信息的传递以发言人为起点，发言人通过不断重复部分旧信息，融入新信息，如此循环往复，直到译员能充分理解信息意义。对听话者（译员）来说，往往需要处理三种信息文本："参考文本（referential text）、情境文本（contextual text）和工具文本（instrumental text）"（杨承淑，2010：61）。具体以同传情境来说，译员开始口译的时候，往往已经读过相关背景资料等参考文本，做过一定准备。这些已有信息能帮助其听取信息时便于理解。因此，译员可以先翻译出易于理解的信息，暂时保留不确定的信息。同时，译员还在继续不断接收现场的情境文本，如说话者身体语言等，结合参考文本和情境文本，译者便能不断扩大确定的信息意义的范围，直到完全理解信息意义。此外，在多数同传会场，还会有PPT投影和会议日程、发言人背景介绍等工具文本，进一步帮助译员理解并最后再现信息内容。新的信息是这样不断地由外而内，循序渐进地推进，或与原有信息结合，或推翻原有信息，这是一个理解、吸收信息的过程与步骤。

本研究选取的语料是高新技术领域的同传，就语域而言，这是一个随时代发展逐渐产生的较新的领域。因此，译员拥有的已知信息，相对于一般类型的口译而言，显得更加有限，而且译员在译前准备时几乎不可能拿到主题发言的完整文稿，以提纲为主的工具文本才是运用频率较高的文本形式。但工具文本临场变化非常大，不少发言人在会前最后几小时才确定最终PPT，发言时还常常有即兴的发挥，因此需要译员现场随机应变。同时，工具文本往往是演讲提纲，语句不完整，或者仅仅以图表、公式等方式呈现信息，译员靠有限的已知信息很难把握主次信息的区别，唯有依靠发言人信息结构中新旧信息交替的手法，逐渐建立信息的主次顺序。同时加上同传中话语的口语性，使其信息结构与文本结构都比书面文本更为松散，口语信息的冗余成分也较多，这些因素都决定了技术领域同传中的信息传输效率偏低，对译员挑战极大。

既然本研究是针对高新技术领域的同传，那么，高新技术究竟包括哪些领域？对于什么是高新技术产业，国际上也没有一个统一的标准定义。大多数产业分析文献使用的是OECD（经济合作与发展组织）的划分方法和口径，即以产业的研发密集度来划分高技术产业、中技术产业和低技术产业。目前我国对于高技术产业的划分，最具有权威且实用的是国家统计局关于高技术产业的统计规定。根据《国家重点支持的高新技术领域》目录，我国的高新技术产业包括：

（1）电子信息技术（包括软件、微电子技术、计算机及网络技术、通信技术、广播电视技术、新型电子元器件、信息安全技术、智能交通技术）；

（2）生物与新医药技术（包括医药生物技术、中药及天然药物、化学药物新剂型及制剂技术、医疗器械与医学专用软件、轻工和化工生物技术、现代农业技术）；

（3）航空航天技术（包括民用飞机技术、空中管制技术、卫星通信应用系统、卫星导航应用服务系统等）；

（4）新材料技术（包括金属材料、无机非金属材料、高分子材料、生物医用材料、精细化学品）；

（5）高技术服务业（包括现代物流、集成电路、公共服务、技术咨询、生物医药技术、工业设计等）；

（6）新能源及节能技术（包括可再生清洁能源、核能及氢能、高效节能技术等）；

（7）资源与环境技术（包括水污染、大气污染控制技术、固体废弃物处理技术等）；

（8）高新技术改造传统产业（包括工业生产过程控制系统、先进制造技术等）。

其中，各子项下还有具体细分技术，共计235项。本研究所涉及的"高新技术领域"采用的就是国家统计局的这八大类产业中的五大子项。

第五节　分析框架

本研究借鉴同传信息处理的三个不同理论构筑了本研究的主要理论依据。其中，Gerver的同声传译心理加工模式实际上描述了同传中"信息缺省"发生的过程；Gile的认知负荷模型则说明了"信息缺省"的触发原因；Setton的心理模型则解释了"信息缺省"的补偿行为。本研究将借鉴以上理论,对"信息缺省"进行多维度的描写和解释。

就具体分析步骤而言,结合文献综述和关键定义,本研究中的"信息缺省"可以从三个角度来进行考察（图2-4）：源语-目标语关系考察、源语语篇内考察以及目标语语篇内考察。具体的描写角度如下：

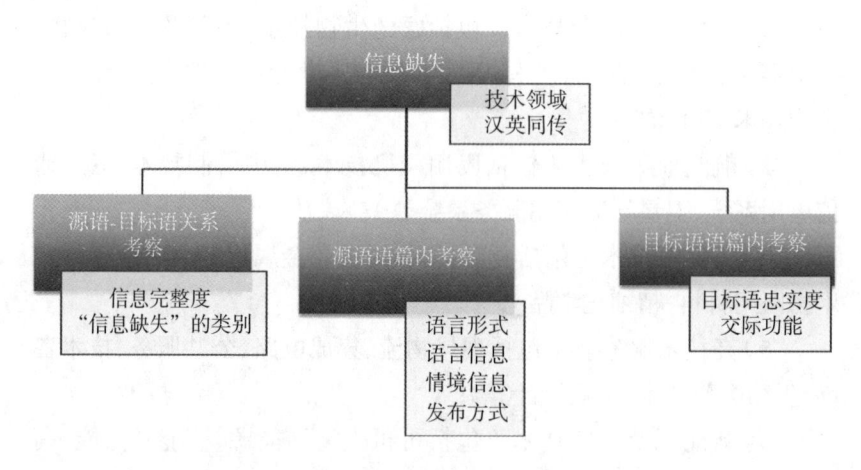

图2-4 本研究分析框架

（1）源语-目标语关系考察。对源语和目标语进行语篇际对比,分析信息的语意完整度,对"信息缺省"的不同类别和层次做具体描写。

（2）源语语篇内考察。对源语的语篇特点进行描写,探究"信息缺省"在源语中的触发因素。描写角度包括：语言形式（语法及句法）、语言信息（专业信息的内涵和结构）、情境信息（源语中隐含在情境中并未以语言形式表达出来的信息）、发布方式（流畅度和清晰度）。

（3）目标语语篇内考察。对目标语的语篇内特点进行描写,探究"信息缺省"的补偿。描写角度包括：目标语忠实度（专业信息表达的恰当性）和交际功能（话语的逻辑性和流畅性以及交际效果）。

本研究最基本的问题就是针对信息缺省的内部结构与外在形式进行论述与分析,考察其在同声传译中呈现的规律和处理原则。本研究的目标是"描写研究",对译语中的信息简化进行客观而充分的描述与解释,不做规定性判断。研究对象是"口译产品"和"口译活动参与者",通过对口译产品（高新技术领域汉英同传译语文本和源语文本）的对比分析，考察译语信息缺省的不同类别和层次，在源语中确定各自的触发因素，以明确技术领域同传给译员带来怎样的困难；还将考察当信息缺省发生时，译员有无采用，如何采用同传策略对简化的信息进行补偿。为了满足研究目标和对象的需要，并获得较为客观和可靠的实证数据，本研究采用了基于语料的观察法为研究方法，通过文本转写、标识，对同声传译过程中的译员决策和口译产品进行描述和分析，以达到研究目的。

第二章
研究设计

第一节　语料库口译研究的意义

口译研究自20世纪50年代萌芽,已有50多年的历史,取得了不少研究成果。但是,相比其他学科,口译研究至今仍存在理论基础薄弱的缺陷,实证研究采用脱离语境的方式或模拟实验手段,缺乏口译研究应有的生态效度。此外,已有的研究成果往往数据规模小,多以例证或个案为支撑,而科学研究的假设验证和理论证实均要求以较大规模的数据为基础,因此口译研究难以得出具有普遍意义的研究结论(王斌华,2013:35)。作为一种特殊形式的翻译,口译研究一个重要的突破口就是对现场口译大规模真实语料进行系统描写,探索其中的规律。

王克非指出,"未来将语料库语言学的理念和方法引入翻译研究与教学领域,将是翻译学科发展的一个战略方向和重点"(王克非,2004:27)。但是,相比笔译语料库,口译语料库的建设和相关的研究起步较晚,缺陷也更加突出。自从Shlesinger于1998年首次提出展开基于语料库的口译研究开始,至今不过十余年。目前,已建和在建的口译语料库尚不到10个,最大的也不过100万字,而且种类多为会议口译,比较单一,而且标注简单。相应的研究数量也较少,"集中在口译文本语言和口译操作过程两方面"(庞焱,2013:26)。其原因正如王斌华指出的,在口译研究中运用语料库方法有着特殊的困难:"首先是数据收集方面,由于保密性要求以及技术设备的要求,现场口译语料收集客观上存在困难,而大规模同质性语料的收集则更加困难;其次,口译语料需要经过转写才能为语料库所用,而转写过程不仅耗时费力,而且转写方法本身就是一个需要研究的课题。另外,口译语料如何在语料库工具中进行具有研究意义的标注,也是尚须探讨的课题。"(王斌华,2013:35)

目前来看,国外已有几个较为成熟的语料库(李靖、李德超,2010:100-105)。其中包括:日本名古屋大学设计开发的英日两种语言的同声传译语料库(simultaneous interpretation database of Nagoya University)。该语料库采用的口译录音共182小时,共计100万字,是目前世界上规模最大的同声传译语料库。此外,意大利博洛尼亚大学研究人员开发的"欧洲议会口译语料库(European parliament interpreting corpus, EPIC)",是一个含英语、意大利语、西班牙语的多语平行语料库,库容量约为18万字。国外其他在建的口译语料库还包括:DIRSI("同声传译方向性语料库"),语料场景为国际健康会议,采编录音约20小时,容量约13万字;"K2口译语料库",涉及医院情景下的口译活动,容量为16万字;"K6口译语料库",涉及环境保护主题,容量为3.5万字;FOOTIE(2008年欧洲足球冠军杯新闻发布会口译语料库),主要收集新闻发布会的同声传译语料(Sergio & Falbo, 2012; Claudio, 2012)。

目前国内研究中,规模较大的口译语料库是上海交通大学开发的"汉英会议口译语料库(CECIC)"。该语料库是以国内外新闻发布会口译活动为对象的平行语料库,包括汉英口译语料库,英语源语语料库,汉语源语语料库三个子库,总容量约102万字(李涛、胡开宝,2015)。

随着口译语料库的建设和相关研究的相继展开,对口译文本特征、操作程序、口译策略和效果等问题已进行了初步量化描述与分析,积累了一定数据。大规模真实口译语料的描写不仅能够揭示口译产品特征和译员口译策略的使用规律,能够为口译认知处理过程的研究打开一个新的视角。

第二节　研究问题和研究方法

本研究的目的是通过建立双语平行语料库,对汉英同传译语中的信息缺省进行充分描述与合理解释。为此,本研究将研究目的细化成四个研究问题:

(1)信息缺省有哪些的类别和层次?
(2)译员会采用何种策略补偿?
(3)信息缺省有哪些触发因素?
(4)影响译员补偿行为的因素是什么?

其中,研究问题(1)和(3)主要为定量分析,研究问题(2)和(4)主要为定性分析。

研究方法上,本研究采取观察法对译员在汉英同传中信息缺省的发生和补偿进行描述。研究将搭建双语语料库,所用语料来自五位职业译员在五场不同会议中的真实会议录音。为了回答信息缺省的类别和层次问题,本研究将对语料库中不同类型的信息缺省进行归类和统计;为了回答译员在同传中采用何种补偿策略,本研究将对不同的补偿策略进行分类和统计;本研究还将探讨信息缺省的诱发因素,并试图在口译规范的框架范围内分析译员补偿策略的制约因素。

第三节　本研究语料库的建立

口译的描写最好能建立在较大规模的同质性现场口译语料分析的基础上,但是前文也提及此类语料的获取存在客观困难。由于保密等原因,大规模的真实现场口译语料的收集十分不易。所幸的是,笔者拥有多年的同传经验,熟悉本地活跃的同传译员,便于收集涉及不同主题、多位译员的同质性语料。

一、语料的规模

语料库中的样本应具有多少数量比较合适,这是由研究目的的不同而决定的,因此很难划定统一的标准。语料库研究要求,建立语料库所收录的文本必须代表研究对象的语言变种。根据不同的研究目的、分析方法和观察内容,语料库的大小各有不同,并非越大越好。Biber(1995:131)认为:在进行实际数据分析时,即便其采用的是一个只有10个文本、1 000词左右的语料,只要这些语料足以表明研究者想要研究的语言特征,也可称得上合适的语料库;而在调查单个语料库的一般语言特征的时候,即便采用一个含有一万个词量的语料库,也不一定能满足研究需要。真正意义上的现代计算机语料库并非以无限追求容量的扩张为主要目的。在语料库应用研究中,"比容量更重要的是如何根据研究者或用户的需要在语料取样中保持良好的平衡"(庞焱,2013:32)。从先前研究者所采用的同传语料规模来看,小规模的语料未必就不能实现研究目的。Barik(1973,1975)采用了两段3到5分钟的同传录音;Lederer(1981)采用了35分钟的同传录音来研究德法同传;Setton(1999)的研究则使用了14分钟的同传录音;张威(2011)在研究认知记忆资源在实际口译情景中的表现时,采用的同传现场录音为16分钟(双声道)。

本研究语料库的建立以满足研究需要为出发点。在初步拟定5位职业译员作为本研究的研究对象后,选取了5场分别由该5名译员参与同传的不同主题的技术会议,进行现场录音。在获得主办方和译员的许可后,就该场专业技术会议进行源语和译语的全程录音,一共获得5个不同技术会议的完整录音,源语和译语录音总时长达50小时,其中源语录音约25小时,译语录音约25小时。由于同声传译一般是由两人一组的搭档交替完成,因此25小时的译语录音中一共包含7位译员的现场同传语料(有两位译员参与了其中不止一场会议的同传翻译)。由于本研究旨在对汉英同传中的信息缺省进行描写,而信息的完整理解是需要一定上下文来支撑,因此在选取工作语料时,尽量挑选包含相对完整上下文的源语语段,时长控制在15分钟左右,工作方向仅选用汉英同传。由于多数此类会议每位发言人的发言时间为20分钟左右,因此15分钟可以涵盖一个完整发言的主要内容,可提供较为完整的上下文。在选取了合适的源语语段后,开始寻找相对应的译语。由于同传译员多为两人一组,每15分钟交替,因此许多15分钟的源语,其对应的译语是由两名译员完成的,为了找到完整的一名译员对应一个源语语段,笔者对原始录音进行了大量的剔除,最后总共抽取5个15分钟左右的源语语段及5个15分钟左右的译语语段,时长共150分钟,进行转写与详细标注。

总时长为150分钟的工作语料,算不上大规模的语料库,其最重要原因就是,涉及技术类的会议往往需要保密,现场口译语料的采集十分困难,因此这5场会议的同传录音材料,实属来之不易。但通过对工作语料的仔细筛选和对变量的严格控制,避免了简单的语料堆积,筛选出系统的同质性语料,可以回答本研究的几个研究问题。

二、语料的典型性

如果说语料规模是量的问题,那么语料的内容则是质的问题。对于语料内容,最根本的要求是:真实。"真实"有两层意义:"其一要收集实际使用中的文本,而非语言学家或者研究者自己杜撰的文本;其二是要收集符合条件的文本"(庞焱,2013:23)。就真实性而言,本研究采用现场观察法,完全从口译真实情景中收集客观材料。所谓现场观察法,是指"在口译活动的真实情景下,通过各种手段如录音、录像等,记录研究对象的实际表现,既包括口译的语言产生情况,也包括实际口译情景中语言外信息对口译员及口译表现的影响,并对所收集的信息或数据进行整理与分析,得出相应的结论"(Pochhacker,2004:63)。事实上,口译员在真实场景下语言运用的经验,要比语言理解实验室所的经验以及电脑所得出的结论更为合理(塞莱斯科维奇,勒代雷,1992)。

根据语料口译研究的要求,现场口译录音材料的选择"应该依据典型性标准,即所选段落应该能够充分证明或显示具体研究问题"(鲍刚,1998:14)。本研究通过对符合条件译员所参与会议的筛选,最终确定了于2013年召开的专业程度各不相同的五场技术型会议,其名称与背景大致如下:

(1)创新中国行论坛:由环球市场集团主办,会议的主题是制造企业如何通过创意工业设计来产生价值。参会人士多为制造设计企业的代表及工业设计师。

(2)中瑞环境论坛:由国家环境保护总局和瑞典环境部联合主办,主题是如何在城市发展的过程中控制污染。参会人士为珠三角地区及瑞典的环保工作者。

（3）国际毛纺组织国际羊毛圆桌论坛：由国际毛纺组织主办，主题是羊毛及毛纺行业可持续发展、中国新环保标准对毛纺行业生产的影响及对策。参会人士多为毛纺企业资深人士。

（4）中国民航空管论坛：由深圳交通运输委员会及中国民航管理学院主办，主题是分享世界飞行繁忙地区最新运行的空管模式、飞行流量管理方面的最新研究结果及新技术，厘清下一步改善空域管理的方向。参会人士为空管局、航空公司、民航空管院校及空管科研单位。

（5）新创企业论坛——云＋端专场：由微软公司出资扶持新创企业的项目，旨在通过提供软件技术支持、市场及融资渠道等资源，帮助从事软件开发和互联网服务的企业在早期发展阶段取得成功。参会人士多数是互联网新创企业技术开发工作者。

这五场会议分别代表五大技术领域：先进制造技术领域（隶属于高新技术改造传统产业）、污染控制领域（隶属于资源与环境技术）、计算机及网络领域（隶属于电子信息技术）、空管领域（隶属于航空航天技术）及工业设计领域（隶属于高技术服务业）。它们分别对应前文提到的我国八大高新技术领域之中的五大领域。通过选择专业程度各不相同的这五场会议，充分考虑了语料的典型性，能够比较全面地覆盖高新技术产业的不同领域，从而了解其中信息缺省现象的全貌。

此外，为了能凸显技术型会议的语域特征，本研究在语料筛选时，剔除了所有开幕致辞。主要原因是开幕致辞往往包含较多的套话和非关键信息，只有致辞之后正式开始的主题发言部分，才是本研究关注的重点，具体工作语料详情见表 3-1。总而言之，本研究语料选择充分考虑了语料的典型性和代表性，所选语料能够实现本研究问题的发现与回答。

三、研究变量的控制

由于本研究采用的语料涉及多个主题、多位发言人和多位职业译员，因此，为确保语料的同质性，必须对变量进行严格控制。

表 3-1　本研究工作语段一览表

编号	译员	所属领域	总时长	总字数	语速（wpm）
ex1	1号（女）	工业设计	14分26秒	3 188	223
ex2	2号（女）	污染控制	15分05秒	4 189	278
ex3	3号（女）	先进制造技术	14分02秒	3 762	268
ex4	4号（男）	空管	14分35秒	3 817	265
ex5	5号（男）	计算机及网络	17分20秒	5 223	303

在现场口译中，译员表现与多方面因素相关，首先就是译员自身的口译能力。本研究通过对译员的严格筛选，所选5名职业译员均有10年以上同传经验，同传会议场次均超过600场，年龄介于35到45岁之间，在业内口碑良好，行业经验丰富，均为成熟而活跃的译员。其中，2位男性译员，3位女性译员，涵盖了不同性别的译员；4名是高校教师，1名为全职译员，涵盖了目前同传市场两大主力军（表3-2）。此外，所有五场会议的主办方均在会前向译员提供了发言人演讲的PPT，以保证译员能对会议基本内容有所准备。通过对译员的严格筛选，使口译能力因素在本研究中成为次要变量。

表 3-2　本研究译员背景一览表

译员编号	性别	从业年限	就业机构
I1	女	12年	综合性高校口译教师
I2	女	13年	外语类高校口译教师
I3	女	11年	外语类高校口译教师
I4	男	16年	口译自由职业者
I5	男	11年	外语类高校口译教师

其次，除了译员自身口译能力以外，源语发言的输入变量（input

variables）和现场口译的认知处理条件也与译员表现密切相关。我们以发言的准备程度为参数，可将口译中的源语发言分为四种类型：（1）即兴的发言或对话；（2）有一定准备的发言或对话；（3）书面准备的用于口头媒体的发言；（4）书面准备的用于书面媒体的发言（Kopczynski,1982:256）。本研究选取的源语语料类型介于第（1）类和第（2）类之间，多为第（2）类，即发言人事先对所发言的主题有所准备。因此其话语组织结构不像即兴发言那么松散随意，但也远不如书面准备的话语那么严谨；尽管有所准备，但发言人多在演讲结构与逻辑层面做准备，因此流利程度不一定高，语流中依然存在犹豫、重复和自我纠正等现象。五位发言人都准备了PPT作为演讲大纲。PPT多以图表等直观形式呈现信息，文字内容十分有限，只能作为发言的参考，在演讲的过程中，发言人往往会根据现场情况和听众反应加入部分即兴内容。这种有一定准备的发言，译员比较容易把握其话语逻辑线索，进而理解话语内容。同时，语流的不完美、存在的冗余信息和思考停顿的现象会在一定程度上降低译员的认知处理压力。

再次，在工作方向的选择上，本研究确定为汉到英的同传。心理语言学已证实，对母语信息和外语信息的理解、存储、提取等加工环节上，都存在较大差异，因此在不同语言相互转换过程中，信息理解、应用的具体效果都有所不同（桂诗春,2000:390-399）。"母语译外语会消耗更多的记忆资源进行概念搜索与配比，且对语用信息也更敏感，翻译速度相对较慢；外语译母语则更多地进行词汇层次的对应，对语用信息的敏感度也较弱，翻译速度相对较快"（Setton,1999:88）。因此，由于汉语的一些语言特征，如同音词频繁、词义凝练、左置结构的句子逻辑关系等，汉语作为源语时要求的处理能力比作为译入语更多。同时前文也提到，科技口译内在的规律具有逻辑性强、概念清楚、用词准确、表达简练且专业性强的特点（刘和平,2002）。那么，是否可以大胆推测，汉语用语凝练冗余少导致有限的信息处理时间，以及技术领域信息相对密集导致的信息处理负荷，会使得汉英同传中信息缺省现象更为明显。与此同时，由于源语是译员母语，听力理解带来的干扰降至最低，排除了大量听辨失误引起误译和漏译。

最后，为了最小化口译的其他输入变量，如源语发言的语速、口音、流利度等，本研究仅选取语篇相对完整，声音质量佳，便于准确判定的源语语段。

总而言之,本研究在语料筛选的过程中尽可能严格地控制了研究变量。在同传的研究中,采用实验法收集数据固然有其优势,如参数的控制更为便捷,变量更可控,但模拟的会议环境永远无法还原真正的口译现场,因此本研究采用真实的会议现场收录同传表现,现场取证,能够真实反映同传现场的情况和译员反应。但是,由于研究条件和时间的限制,无法选取更大规模的录音材料用以分析研究,不失为一大遗憾,也有待后续研究补足。

第四节　语料收集及加工

一、语料录制

研究者先向译员介绍录音目的和程序,并告知译员录音仅用于科研,不做其他用途。在会议开始后,利用两支录音笔对会议进行全程记录。其中一支录音笔直接连入移动同传间内同传操作台的输出接口,通过设备内录的方式,对发言人源语进行记录。另一支录音笔则放在同传间内的工作台上,以外录的形式录下译员的译语。事实上,除了译员的译语之外,译员之间的一些交流,如遇到不确定的词汇,译员会在同传过程中按下"mute"键后,私下向搭档求助,如有发言人语速过快,或逻辑不清时,译员也会在私下交流中有所表示。所以说外录真实地反映了译员工作时的即时反应和感受。

二、语料转写

口译语料转写是一个十分耗时的过程,但它也是口译产品研究的关键步骤。录音转写"能否体现口译的特点及现场口译的真实性,关乎口译描写研究的真实效度"(王斌华,2013:92)。实际上,转写并不是要完整地再现口语语言的一切特征,因此转写本身就是"转写者对话语的解读"(Powney & Watts,1987:147)。就口译语料转写而言,口译现场发言人和译员的停顿、发音失误、修正、冗余乃至语法错误等副语言现象,也是话语意义传递的一个重要方面。对于这些内容的转写规范,Shlesinger(2008:239)认为,转写规范应"基于研究目标以及研究数据所用的理论框架,避免无根据地省略和纠正"。

因此,本研究的语料转写采用客观描写的方法,以现场录音为基础,对口误、犹豫、修正甚至语法错误等话语现象也不做更正,真实反映口译过程中的言语现象和部分有声的副语言现象;以语气、停顿和语调作为转写文本断句和标点的主要依据。具体方法采用简化正字化转写(simplified orthographic transcription),力图既能遵循转写的一般规范,又避免因过于繁复而影响研究目的的实现。具体来说,由于本研究描写的是源语-译语语意信息的不对等,语音元素如语调和重音不是主要观察对象,故不做记录;2秒以上的停顿以"2p"表示;犹豫,有声停顿(filled pauses)分别以英文"uh""em"或中文"呃""嗯"记录。通过以上转写得到的文本,简洁直观地呈现了听众及译员所能听到的,且需要加工理解的原始话语。简化正字化转写格式可以满足本研究的研究目的。

有必要说明的是,尽管全部源语工作语料均为无严重方言口音的中文发言,同时5名译员的母语均为汉语,听力理解带来的干扰已降至最低,最大限度地排除了由发言人口音严重所造成的听辨失误。但是由于发言内容的专业性和频频出现的各类技术术语,仍不排除某些词汇会给听众或译员带来困扰,出现听辨困难。为了全面了解哪些中文词汇属于听辨困难,笔者特意找到专业的会议速记公司,请专业速记员将中文语料进行转写。经事后对比发现,的确有不少专业词汇,对于没有足够背景知识的速记员来说,是无法辨析的,因此对这部分词汇也进行了标注。速记员不确定的词汇,在该单词后面以括号标明"(同音)",说明速记员仅根据听到的音依样记录,不确定其真正含义;对于速记员无法辨识的词汇,会以"?"记录,同时在随后的"()"中补充正确词汇。事实上,尽管同传译员会前已经有一定准备,其背景知识也往往不及专业听众,这一点和速记员有相似之处,因此在后续的数据分析中,这些词汇就有可能成为问题触发点。

语料在转写为文本后,断句和标点是一个十分重要的步骤。但究竟什么是句子,各种定义不胜枚举。叶斯柏森在参考众多因素之后,给句子的定义是:"句子是人们所说的相对完整和独立的话语,完整性和独立性表现在它具有单独存在或可以单独存在的能力上,即它本身可以单独说出来"(叶斯柏森,1924,转引自庞焱,2013：33)。本研究据此对转写文本进行了断句和标点。断句主要依据语意的完整性,而标点的添加则主要依据现场录音中的停顿长短。一般的停顿时间用逗号标记;如果语句意义表达完整,停顿时间相对较长,则用句号标记;如果是升调的疑问语气,句尾用问号;语气十分强烈则句尾用感叹号。

三、文本对齐

在口译语料中,要使源语-译语平行对齐,首先必须了解对齐单位是什么?是单词,短语,还是语段?王斌华(2013：93)在交替传译语料的平行文本对齐时,选用了动态的"口译信息单位"(information points),既以表达完整意思的语段为分析单位,并依此为基础进行平行文本对齐。其中,对于"语段"的界定,参照了以下三个标准:

(1)"语段"是一个认知单位,是一个"命题",构成方式是一个"述题"加上一个或多个"论元"。

(2)"语段"包括传达已知信息的"主题",加上传达新信息的"述题"。

(3)"语段"是一个语调单位,一个语段是一个"语调群",其内部有停顿的韵律,结尾则体现为升调或降调。

这样的界定既考虑到语料微观分析的需要,也兼顾了交替传译过程中译员并非以句子为单位进行翻译的这一实际操作,具有较强的可操作性。

但是在同声传译中,信息传递的方式和交替传译有所不同。杨承淑(2010：143)认为,"交替翻译的翻译单位是以言谈的段落为最小单位,并以堪称完整的语篇传达话语的事件结构,因此在译语的语意形式和内涵上,必须建构一个信息完整的言谈,并涵盖事件结构的经纬"。而同声传译的信息处理是以词或词组为单位,通过逐步调整词序,最后形成句子结构,还可以再加上小句子,来补充一时无法再现的信息。因此同声传译的信息处理,可以说是以句子为单位的。

一般来说,翻译语料库中通常使用的对齐方法也是句子对齐,句子对齐适于微观分析,也符合同声传译的信息处理单元特点。但是本研究的视角是观察同声传译中的信息缺省,而前人的研究也已说明,同声传译中存在长而压缩的信息处理手法,因此在同声传译过程中,译员并不总是以句子为单位产生译语的。有的情况下,译语信息的产出会出现"多退少补"的情况(李丹,2013:53)。也就是说,译员会不断对自己的译语进行动态调整。尤其在本研究关注的技术领域,译员并非该行业的从业人员,译前准备很难涵盖全部知识,因此翻译的过程也是译员边听边学习、理解不断加深的过程,前一句没有完全明白的内容或词句,译员可能选择暂时不翻或简短概括,随着理解的深入,完全有可能在后续翻译中进行纠错或信息补充。以句子为单位进行对齐,无法真实反映译员对信息的处理过程。为了兼顾不同的信息处理单位,也为了更加符合技术领域同传活动的实际情况,充分显示信息何时缺省,何时得以补全,本研究以表达完整意思的语段为单位进行语料对齐。

首先,以语意完整和清晰为标准,将源语切分为若干语段,用数字标明(如ex1S01、ex1S02等);译语也根据原文切分为若干语段,并用数字标明(如ex1I01、ex1I02等)。很多情况下,一个语段包含一个语意完整的句子,如:

| 03-06 | 那么第二个重要成果就是,我们提出了一个相对合理的,用于工业阶段的一个分配原则。 | A second achievement we have had is that we came up with a relatively reasonable principle of allocation that can be applied to industrial stage. |

另外,在语意的理解相对困难的情况下,一个语段可能包含多个句子,互相补充,最终形成完整语意。前文也提到,同声传译中除了即听即译的信息处理手法之外,也存在长而压缩的信息处理手法。尤其在技术内容多,需要足够主题知识才能理解的情况下,译员并不总是以句子为单位产生译语的,而是会不断对自己的译语进行动态调整。这种情况下,源语的切分就可能包含不止一个句子,如:

| 03-08 | 嗯,因为在我们的生产阶段,GIF大家很多都是在企业,有企业经历的,我们知道,在企业里面呢,我们不太可能,LST首先第一个,不太可能做到三级计量。三级计量什么意思呢?就是在每一台设备上,安一个电表。这是不太可能的,不现实的一件事情。 | In the first place, in the manufacturing processes, DLT we know that...we don't have the WKN three-tier calculation system. MGD Uh, it's impossible for us to install an electricity meter in every equipment. |

以上语段实际包含3个句子。第一个句子包含和主题关系不大的补充信息，如"大家很多都是在企业，有企业经历的""首先第一个"，到了句末才出现一个关键信息，同时也是一个技术名词——"三级计量"。对译员来说，在没有足够主题知识的情况下，很难翻译这样的词汇，只有先翻译字面，再继续听下去，获得更充分的理解。而字面翻译未必准确，但我们无法判断这个信息点是真的流失了，还是后续得到了补充，因此在此处切分就不合理了。本语段的第二句，发言人对"三级计量"的概念提出了设问并进行了解释，译员也得以补充先前不甚完美的译文。至此，这个语段的意义才算明晰了，故做此切分。

四、分类标注

源语-目标语信息缺省的确定和标注是本研究的关键步骤。这一步骤采用定性研究的方法，进行微观的对比分析，参照本研究信息单位的定义，进行手工标注。

（1）信息单位是文本中的语意完整的意义组块，它以含信息的实词为主要对象，可以是单词、词组或意群。

（2）信息单位是足够同传译员进行产出的较短EVS。

首先考察源语，确定语意完整，且足够译员产出的意义组块，确定为信息单位，包括单词、词组或意群，随即在译语中确定各自对应的译文，如：

05-03	额首先呢，客户端采集到日志，然后把日志上传到采集，采集系统，经过分析索引，再到额实时的一个分析服务，最后进行一个网站的呈现。	The clients actually collect logs which will then be uploaded. After analysis and indexing, it will be further transmitted to our uh...transmitted to our server and finally to the website.
叙事结构中的时间层级	1.额首先呢， 2.客户端采集到日志， 3.然后 4.把日志上传到采集，采集系统，	1.（无译文） 2. The clients actually collect logs（不完整） 3. which will then 4. be uploaded（不完整）

叙事结构中的时间层级	5.经过分析索引， 6.再到 7.额实时的一个分析服务， 8.最后 9.进行一个网站的呈现。	5. After analysis and indexing, 6. it will be further 7. transmitted to our uh...transmitted to our server（不完整） 8. and finally 9. to the website.（不完整）

接着通过信息单位出现的先后顺序对源语译语进行对比，发现没有对应译文或者译文不完整的信息单位，视为缺省了的信息单位，统计其发生的次数，并在文本中进行初步标注，用于后续描写与分析。语段05-03共出现了五次信息单位缺省（见译文括号说明），包括表达逻辑关系的连接词（"首先呢"）、名词（"端，采集系统"）、词组（"实时的分析服务"）、动词（"呈现"）。

需要特别注意的是，Gile（1995：35）话语信息分类中的"语言信息"，是由语言规则产生的形态冗余，如介词、定冠词、类别词（表复数、时态等）和同传过程、产品及译员策略均无密切联系，因此不是本研究关注的对象，故不做单独标记。

此外，由于发言具有一定的即兴性质，因此语料中频繁出现因发言者个人习惯而产生的口头禅，如"的话呢""这个这个""那么""嗯""一个"，实际上下文中并未传递实质信息，仅仅是为了填补停顿，或者是发言者习惯使用的语气词，与本研究的重点"信息缺省"并无直接联系，因此也不做单独标注。

初步标注结束后，接下来本研究将试图为这些缺省的信息单位定性。本研究的"信息缺省"在性质上分为两种："减损语意的信息缺省"和"不明显减损语意的信息缺省"。具体说明如下：

（1）减损语意的信息缺省：影响主要信息的传达，即影响信息发送者想要传递的意义和意图。

（2）不明显减损语意的信息缺省：不影响主要信息的传达，但不同程度地影响框架信息和个人信息的传达。

本研究依据以上标准，对译语进行观察，考察缺省的信息单位其是否减损了源语语意，或者说是否影响该信息层级或信息结构功能的实现，因此可以先确定其各自在信息结构中的信息意层。

05-03	额首先呢,客户端采集到日志,然后把日志上传到采集,采集系统,然后经过分析索引,再到额实时的一个分析服务,最后进行一个网站的呈现。	The clients actually collect logs, which will then be uploaded. After analysis and indexing, it will be further transmitted to our uh...transmitted to our server and then to the website.
意层:完整事件结构中的时间意层	1. 额首先呢 2. 客户端采集到日志, 3. 然后 4. 把日志上传到采集,采集系统 5. 经过分析索引, 6. 再到额 7. 实时的一个分析服务 8. 最后 9. 进行一个网站的呈现	1.(无译文) 2. The clients actually collect logs(不完整) 3. which will then 4. be uploaded(不完整) 5. After analysis and indexing, 6. it will be further 7. transmitted to our uh...transmitted to our server(不完整) 8. and finally 9. to the website.(不完整)

可以看到,源语信息被进一步切分为若干信息意层,每个意层均代表一个完整的事件结构中的时间层级,来看看缺省的信息单位是否影响信息结构的完整传达。"首先呢"此处表示实践先后的逻辑关系,缺省会造成一定影响;"客户端"简化为"客户""采集系统"和"实时的分析服务",都是技术术语,属于"主要信息",缺省会影响语意表述;"的呈现"实际对应的译文为"transmitted to the website",动词"呈现"的意义已经包含在上一个意层中的动词"transmitted",因此不影响本意层语意的传达。

具体标注方法上,按照是否减损语意进行标注,对于译文中形式上没有对应译文的信息单位,且影响信息意层功能传达的,以"文本框"在源语中标注;不明显减损语意传达的,以"加粗"在源语中标注。对于有形式上对应译文的信息单位,也按照是否减损语意传达进行标注,减损语意传达的用"下划线"分别在源译语中标出,不明显减损语意传达的则用"加粗"分别在源译语中标出。最后按照观察到的不同类型"信息缺省"的特性,归纳出六大主要类型,即合并、弱化、移位、偏差、删除、流失,在源语及译语中逐一以不同标记加以注明(表3-3),便于后期统计分析。

表 3-3 各类信息缺省的标注符号

名称	源语标记	译语标记
删除 deleted	粗体	DLT
移位 displacement	RPCa+粗体	RPCb+粗体
合并 merged	粗体	MGD+粗体
偏差 discrepant	下划线	DCP+下划线
弱化 weakened	下划线	WKN+下划线
流失 lost	LST+字符边框	无标记

语料标记示例如表3-4所示。

缺省类型	源语	译语
删除	为什么?因为东菱的这个品牌的价值含量在那里,它是用东菱这个品牌在营销,啊在营销。	Why is that? Because of DLT brand value DLT, this product is sold under the brand Donglin. DLT
移位	这里面给出的一个例子呢,RPCa是牛仔布的织造和染整加工,染整加工。我们给出这样的一个工艺流程图之后呢,我们来看看在这个工序上,工艺上,是哪个工序的一个碳足迹更高。	DLT By having this layout, you can clearly see the uh process map of RPCb fabric weaving and finishing process and have a clear understanding of which stages, which processes can generate the largest amount of emission.
合并	在大家都一样的时候,在这种情况下,有品牌吗?品牌形象会突,突出出来吗?根本不可能,啊不可能。	MGD But if you are all doing that, you couldn't make your own slogan and brand image stand out.

续表

偏差	那么它可以获得额比这个一般汽油这个烷辛值……这个就是我们汽油的标号,这个实际上它的标号更高可以达到137。	DCP In this project, uh, the, uh, Nanning project was able to generate biogas and then use the biogas to provide power for the vehicles in Nanning of Guangxi Province.
弱化	那么这个是我们希望在中瑞合作方面可能会产生的一些机会。	WKN For the future.
流失	LST其中呢,第三号产品最高,第六号产品最低,是工业碳足迹。	

此外,为了便于后续探究信息缺省的触发原因,本研究也就信息缺省所对应的源语信息及发布过程中出现的语言及语用特征做了标记。具体示例如表3-5所示。

语用特征	标记	源语示例
冗余信息 redundant information	rdif	所以呢,我们说OEN(OEM)定单生产没有办法维系中国制造的未来,转型升级呢它就成了一个必然rdif的选择,rdif就必须转型,rdif就必须要升级。
可忽视信息 negligible information	ngif	LST dsif第二个案例,str？我今年的一个学生,啊来读我的研究生,ngif工作了10年,啊做得很好,在广东的一个小家电的企业里做,这个主设计师,获得过红点(同音),啊。
源语结构逻辑瑕疵 loose structure	str？	ngif因为大家都知道,去过香港澳门都知道啊,它的街道非常的窄,所以LST str？它每天这个,要收垃圾的时候,LST str？那个车一过来呢,几乎那个路,就是被堵住了。
冗余不足 dense information	dsif	LST dsif然后提炼生物柴油10,000吨,LST dsif然后生产有机肥料额12,000吨,可以减少二氧化碳的排放1,额110,000吨。

续表

专业技术信息 technical information	tnif	dlv？这都是我们，每个细节我们都要经过rdif反复地去斟酌，反复谈论，LST tnif然后去拿pasa2050，LST tnif拿iso14067去一一对应，LST tnif approachable去对应。
发布瑕疵 deliver issues	dlv？	LST dlv？那么在广东湛江龙肯呢，我们现在也在跟他们合作，在发展同样的事情：就是要在那里，利用酒精的这个，额他是糖蜜生产过程，甘蔗的蔗糖生产过程中产生的这个废水，用来27：19现场设备故障。
其他原因 other reasons	othr	我这里是从一本书中间扫描下来的，啊，中国的家电企业，在他们的？（slogan）口号中，othr我们会看到对"生活"的这样的一种扎堆，大家都一样。

五、检索统计

在完成了语料录制、语料转写、文本对齐和分类标注这四个步骤之后，本研究使用WORD文档的"查找"功能，可逐一查找关键标注符号的数量，对各类型的"信息缺省"进行描述性统计，得出相应统计图表。在随后的章节中，将结合口译语篇分析，尝试判断汉英同传信息缺省现象的规律，以及各类缺省发生时，译员有无补偿策略、启动何种补偿策略等。

第四章

"信息缺省"的描写

第一节 信息缺省的定量分析

通过对语料的观察，本研究发现目的语"信息缺省"主要表现为六大类型，即删除（deleted）、移位（displacement）、合并（merged）、偏差（discrepancy）、弱化（weakened）、流失（lost）。

经过统计，本研究语料编号的语段共计402个，其中出现不同类型信息缺失的语段多达363个，比例高达90.2%。仅有39个语段不存在任何形式的信息缺省，仅占9.8%。以下就是各场会议出现信息缺省语段数的具体情况（表4-1）。

表4-1 五场会议出现信息缺省语段的统计

会议编号	选段时长	共计语段数	含信息缺省的语段数	含信息缺省的语段数占比
01	14分26秒	63	55	87.3%
02	15分05秒	89	80	89.8%
03	14分02秒	71	69	97.1%
04	14分35秒	73	64	87.6%
05	17分20秒	106	95	89%

在研究最初，笔者已经意识到信息缺省是同声传译中的普遍现象，而统计结果以数据证实了这一点。尽管五场会议参与的译员不同，会议的技术主题和会议难度也略有不同，但就比例而言，五场会议中出现信息缺省的语段所占比例均达到87%以上，平均值更高达90.2%。因此，信息缺省现象不仅是普遍现象，甚至可以说是技术类会议同传中几乎无所不在的现象。

值得一提的是，前文也已经提到，本研究中定义的信息缺省，并不一定是翻译错误，也包含不少译员策略性的处理，以压缩信息处理负荷，分配资源处理关键信息。下面将就本研究中"信息缺省"所界定的六种类型逐一统计。

一、删除

目标语信息缺省中的"删除"，具体表现为部分源语信息点在译语中没有对应翻译，但并不明显减损语意。

（一）词汇层面的"删除"

词汇层面的删除包括各种非主要信息及重复的名词、动词以及形容词、副词、数量词等，如：

03-34	就通过这四年之后呢我们，额，应该很自信地说，我们创立了，额工业水足迹和碳足迹的一个理论体系，包括方法，rdif理论与方法。	So after 4 years we can say with confidence that we have come up with a theoretical framework and also, uh, practices methodology for the, uh, calculation of carbon and water footprint. DLT

语料03-34中源语句子的最后，发言人总结了项目的成果，"创立了工业水足迹和碳足迹的理论体系，包括方法"，在此之后紧接着又重复了一次"理论与方法"，而在译文中，重复的部分译员并未再次翻译，而是选择略过不翻。

除了名词的省略以外，形容词、动词等都可能成为删除的对象，如：

| 01-40 | 所以呢，我们可以得出，这样的一个刚才的分析的一个判断：拥有品牌才是中国制作的王道。 | ...So DLT our conclusion is: DLT brand is the key to success for Chinese manufacturing. |

语料01-40包含两处删除：首先是一系列的修饰语"这样的""一个""刚才的""分析的"，在译语中全部被删除。此外，后半句中的动词"拥有"的含义，也已包含在"品牌"一词之中，因此在译语中也没有对应翻译。

（二）句子层面的"删除"

有时候被删除的信息不止一个或几个单词，而是语段中的一个或更多的句子，在译文中都没有对应翻译，如：

| 01-48 | LST othr第一个有没有原创的标识系统，ngif这是肯定的。 | You need to see whether you have original VIC, uh VIS. DLT |

在语料01-48中，发言人介绍的是工业设计中成功品牌的七个衡量标准中的第一条标准，后半句是评论性的表述，"这是肯定的"在译文中并没有对应译文。实际上，在此前的语段中，发言人刚刚表达了对这几条标准的认同，可以从前一个语段得到验证。

| 01-47 | 那么，作为著名的品牌和知名的LOGO之间的区别，啊我认为有7个标准。 | But I believe that famous logo is different from famous brand. There are 7 standards. |

在语料01-47中，发言人已经表达了"我认为有7个标准"，译文中也已经翻译为"I believe"，因此在随后的语段中便没有再次重复这些表示认同的信息。

值得说明的是，"删除"指的是删除不严重减损语意的结构或逻辑松散的一般信息。在实际语料观察中，笔者还发现不少内容，虽然结构或逻辑也较为松散，但却是发言人有意传达的"主要信息"，也可理解为和发言主题相关的关键信息，一旦缺省，会对语意内容的理解造成影响，因此涉及关键信息的内容缺失，将会被归入"流失"类。

在所有信息缺省的类型中，删除是出现频率最高的一类。五场会议一共出现了384次。每场会议中分别出现"删除"类的信息缺省次数如图 4-1 所示。

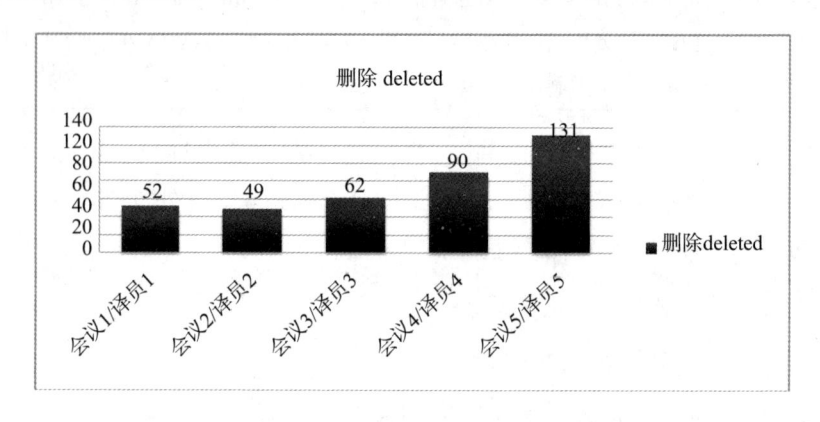

```
删除 deleted
会议1/译员1: 52
会议2/译员2: 49
会议3/译员3: 62
会议4/译员4: 90
会议5/译员5: 131
```

图 4-1 每场会议中"删除"的次数

可以看到，五场会议中"删除"的出现次数均在49次或以上，由于每场会议的时长略有不同：前四场会议时长均在14至15分钟左右，第五场会议17分钟，部分解释了为什么其"删除"次数明显高于其他四名译员。

就"删除"的语言层面而言，词汇层面的"删除"共计292次，占所有"删除"的76%；句子层面的"删除"共计92次，占所有"删除"的24%。每场会议中出现不同层次"删除"类信息缺省所占比例如图 4-2 所示。

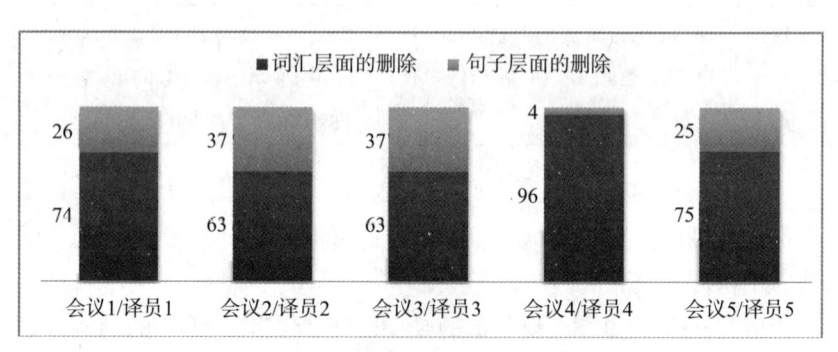

```
词汇层面的删除 / 句子层面的删除
会议1/译员1: 74 / 26
会议2/译员2: 63 / 37
会议3/译员3: 63 / 37
会议4/译员4: 96 / 4
会议5/译员5: 75 / 25
```

图 4-2 每场会议中不同层次的"删除"占比

图4-2说明，尽管每位译员都有各自不同的翻译风格，发言人的语言风格也各有不同，但在"删除"发生的时候，平均比例为76%的"删除"发生在词汇层面；仅有平均比例为24%的"删除"发生在句子层面。说明在此类会议中，译员对待句子以上层面的信息还是比较谨慎的。

二、移位

目标语信息缺省中的"移位",表现为在口译过程中部分信息点暂时缺失,但在随后的分析单位中出现,因此不会明显影响语篇的语意。暂时缺失的内容可以是词或短语,也可能是句子。典型语料示例如下:

| 03-68 | RPCa dsif这里面给出的一个例子呢,是牛仔布的织造和染整加工,染整加工。 | |

| 03-71 | 我们给出这样的一个工艺流程图之后呢,我们来看看在这个工序上,工艺上,是哪个工序的一个碳足迹更高。 | By having this layout, you can clearly see the uh process map of RPCb fabric weaving and finishing process and have a clear understanding of which stages, which processes can generate the largest amount of emission. |

在语料03-68中,发言人开始讲解具体例子。事实上,前一个语段的翻译已经出现了明显的滞后,此处译员跳过"牛仔布的织造和染整加工,染整加工(标记为RPCa)"这几个专业术语,直接开始翻译随后的语段。直到语料03-71,也就是发言人对整个例子讲解完毕后,译员才对前面的缺省做了补足"fabric weaving and finishing process(标记为RPCb)"。

如以上例子所示,有些信息虽然暂时缺失,但不久便得到了补足,因此从语篇角度看,并未对语意造成严重影响。

五场会议中"移位"现象共出现8次,其中每场会议中译员同传中出现"移位"类的信息缺省次数如图4-3所示。

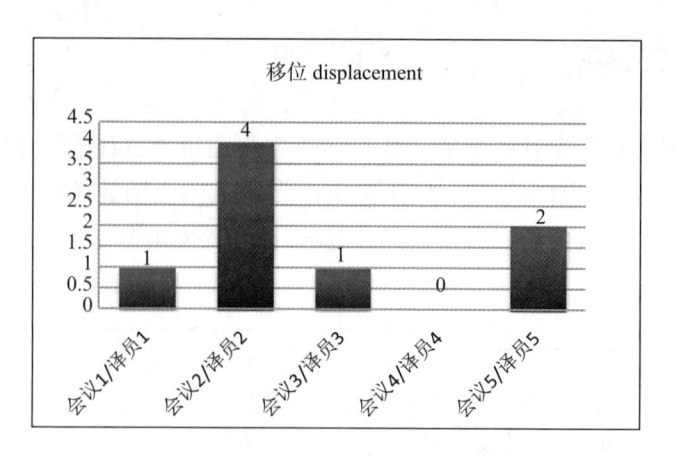

图 4-3 每场会议中"移位"的次数

就"移位"的语言层面而言,词汇层面的"移位"共计3次,占37.5%;句子层面的"移位"共计5次,占62.5%。

三、合并

目标语信息缺省中的"合并",是指译员在口译中重组句子或短语,采用比源语更为概括的表达方式,合并吸收不明显减损语意的信息。具体表现为词汇层面的合并以及分句层面的合并。典型语料示例如下:

(一)词汇层面的合并

词汇层面的合并,主要是指若干个词汇,经过合并吸收,使词汇数量减少,表达更简洁。如:

| 03-63 | rdif这个里面的一个结果呢,是跟这个生产的工序,工艺是有关系的,rdif是有关系的。 | MGD That has to do with the production processes and procedures. DLT |

在语料03-63中,"这个里面的一个结果呢",是紧接着发言人刚刚结束的案例分享,是一个五个单词构成的词组,译语摒弃了源语的字面意思,根据上下文语境,将五个中文单词合并为一个特指代词"that"。又如:

| 03-70 | 那么经过这么rdif多复杂的,这么长的一个工序rdif链之后呢,我们成为一个牛仔产品,rdif牛仔产品。tnif这边是一个产出,产出。 | After MGD many...uh different manufacturing processes DLT, you get uh denim fabrics, DLT DCP of course together with production waste. |

语料03-70是发言人在介绍完牛仔布的制造工序后做的一个总结,语段的重点是强调"经过之前的各种工序后,得到了最终产品"。源语中"这么多复杂的,这么长的"的词汇,在译语中被合并为一个单词"many",却并未影响"主要信息"即发言人意图的传达。

(二)分句层面的合并

分句层面的合并,主要是指源语中的句子或分句,合并为一个或数个单词,或者数个句子或分句结构重组,意义合并,语言形态得到简化,如:

| 05-70 | ngif我觉得呢,在新的产业链中的话呢,我们这样的小公司还是ngif有机会的话呢,能借助微软的云的策略,str？找到自己一个新的一个生存的空间。 | DLT So in this new industrial chain, small companies like us can DLT actually leverage the advantage offered by the Microsoft clouds solution to MGD survive and prosper. |

语料05-70的末尾,源语的表述是"我们能找到自己一个新的一个生存的空间"是一个主语谓语宾语齐全的完整独立句。但是在译文中,译员并未照搬主谓宾结构,而是将其合并为包含四个单词的一个不定式"to survive and prosper",实际上"survive"包含了"生存空间"的含义,而"prosper"则部分传达了"找到新的发展点"的含义。

更多的时候,句子层面的合并表现为数个相对独立松散的分句被合并吸收,成为结构紧凑,逻辑清晰的一个复杂句,如:

| 05-18 | 第二个呢,利用SDK去创业呢,我ngif确实还比较少看到,str？因为以前作为技术爱好者来说,SDK更多的是在国外的很多的程序开发者,他会做一些免费的工具,放到网上去用。 | Secondly, I'm DLT not seeing a lot of cases using SDK as the start up and, start up uh, idea. Uh, MGD some of the international developers are using SDK to develop some tools which are available online. |

在语料05-18中,从"因为"开始,先后出现了四个小句,包括原因状语从句("因为以前作为技术爱好者来说"),逻辑不明晰的结构("SDK更多的是在国外的很多的程序开发者"),一个包含主谓宾的独立句("他会做一些免费的工具")和一个动宾结构("放到网上去用")。四个小句之间逻辑关系模糊,信息冗余,合并后成为译语里的一个定语从句"some of the international developers are using SDK to develop some tools which are later available online."

此外,分句层面的合并,还表现为句子类型的改变,如:

| 01-29 | LST但是,这台早餐机,在美国的沃尔玛的卖价是多少?它的价格是49.9美金。淘掉(刨掉)12美元以后,剩下的部分是谁拿了,啊谁拿了? | MGD The price, the retail price in Walmart in the United States is 49.5 US dollars. MGD Who got the price difference and the profit? |

语料01-29中的前半部分由发言人自己发问"这台早餐机,在美国的沃尔玛的卖价是多少?",随后自己提供回答"它的价格是49.9美金",这样自问自答的形式,在译语中多数被译员合并为一个陈述句,如此处的译语为"The price, the retail price in Walmart in the United States is 49.5 US dollars."

每场会议中出现"合并"类的信息缺省的次数如图4-4所示。

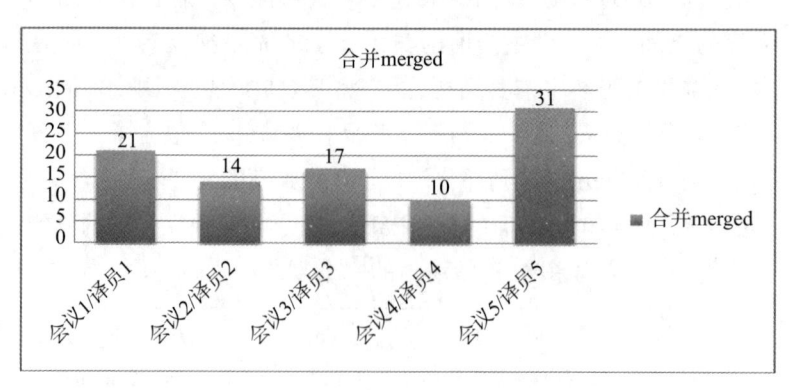

图4-4 每场会议中"合并"的次数

五场会议中出现"合并"现象共计93次,就语言层面而言,词汇层面的"合并"共计22次,占23.6%;句子层面的"合并"共计71次,占76.4%。每场会议中出现不同层次"合并"类信息缺省所占比例如图 4-5 所示。

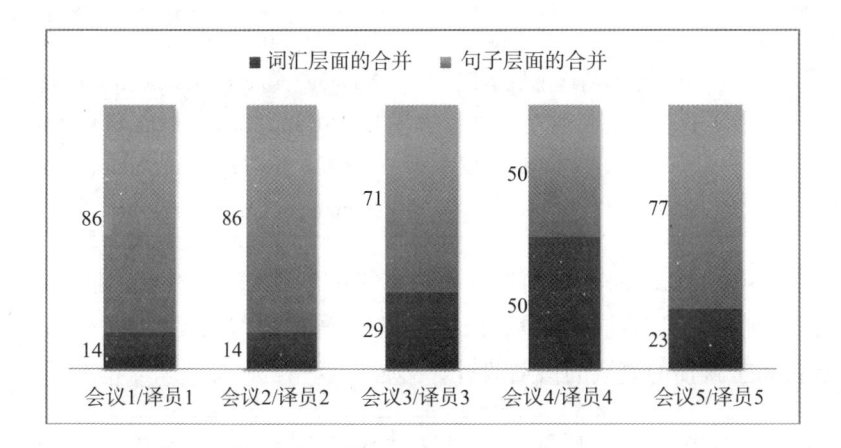

图 4-5 每场会议中不同层次的"合并"占比

可以看到,五位译员中,词汇层面合并最多的译员 4,总数也不超过 50%,其余四位译员词汇层面的合并均保持在 30% 以下。可见在发生"合并"的时候,译员更倾向在句子层面进行合并。

四、偏差

目标语信息缺省中的"偏差",是指译语与源语传递明显不一致的信息,源语语意受损。典型语料示例包括:

(一)词汇层面的偏差

| 05-23 | 那未来呢我们还会做很多为开发者 rdif 提供服务的一些 tnif 主键(组件)。 | And in the future we'll continue to offer more DCP plug-ins for developers DLT in different parts of the world. |

语料 05-23 中的信息计数行业术语"组件",准确的译文应为"components",是指系统中一种物理的、可替代的部件,包括软件代码或者脚本,命令文件等。而在译语中,译员将其译为"plug-ins",意为"插件",指一种遵循一定规范的应用程序接口编写出来的程序,两者是不同的两个概念,正确的概念未得到传达,译语传达的是和源语明显不一致的信息,主要信息没有体现,语意受损。

（二）句子层面的偏差

02-26	tnif那么它可以获得额比这个一般汽油这个烷辛值……这个就是我们汽油的标号，这个实际上它的标号更高可以达到137。	DCP In this project, uh, the, uh, Nanning project was able to generate biogas and then use the biogas to provide power for the vehicles in Nanning of Guangxi Province.

在语料 02-06 中，源语发言人介绍的是车用乙醇的特点，而译语的内容则是译员对前一语段的概括重复，与语段的"主要信息"严重不符，属于减损的语意的信息缺省。又如：

02-18	在天河区比例是最高的，LST tnif最高可以达到65%。str？就是说在路面上行驶的额这个乘用车，我们叫私家车里头，有65%是一个人开车在路面上行驶的。	Here is a break up of different districts. Uh, the most intensive area is Tianhe district which is the downtown center. DCP Uh, in, that means, uh, the most proportion, the biggest proportion of citizens in Tianhe area are using private cars.

在语料 02-18 中，发言人描述的是在广州天河区所有的私家车中，65%是一车一人的情况，而在译员的翻译中，意思变成了"天河区大多数的市民采用私家车做交通工具"，意思和源语不符。

每场会议中译员出现"偏差"类的信息缺省的次数如图 4-6 所示。

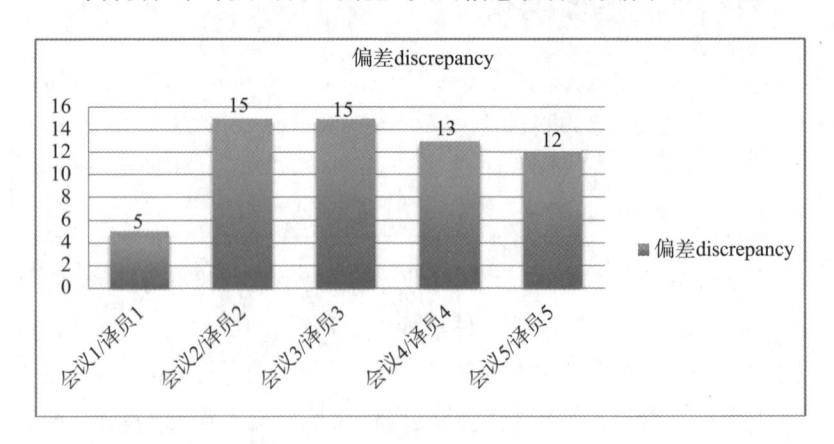

图 4-6 每场会议中"偏差"的次数

如图4-6所示，五场会议中"偏差"现象共计60次。其中，词汇层面的"偏差"共计40次，占66.6%；句子层面的"合并"共计20次，占33.4%。每场会议中出现不同层次"偏差"类信息缺省所占比例如图4-7所示。

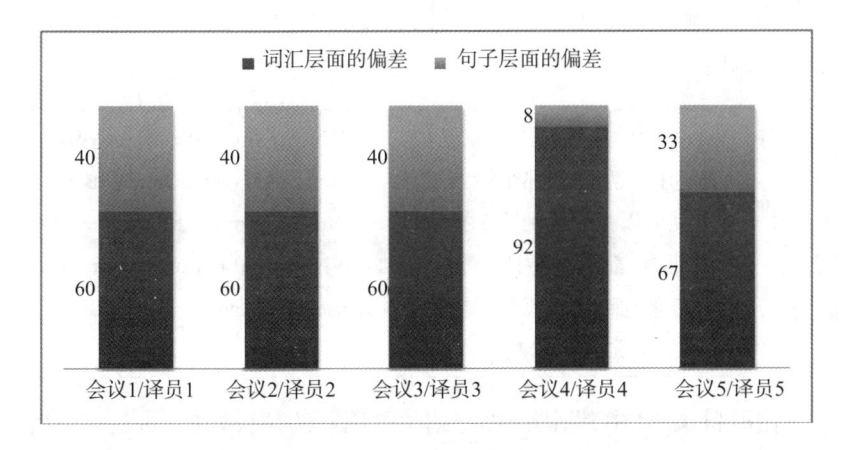

```
词汇层面的偏差   句子层面的偏差
会议1/译员1: 60, 40
会议2/译员2: 60, 40
会议3/译员3: 60, 40
会议4/译员4: 92, 8
会议5/译员5: 67, 33
```

图 4-7　每场会议中不同层次的"偏差"占比

数据显示，五位译员出现的信息"偏差"大多发生在词汇层面，比例均达60%以上，可见译员对待句子层面的信息单位的态度也更为谨慎，一旦有意义不确定的情况，更倾向于选择略过不译，或者其他处理方法，以尽量避免句子层面的误译。

五、弱化

目标语信息缺省中的"弱化"，是指在口译中对应译语语意和源语相比出现了信息淡化，影响了主要信息的传递。典型语料示例包括：

（一）词汇层面的信息"弱化"

| 02-22 | ngif我再说明一下这个电动自行车在广州、dsif深圳、佛山、东莞，目前都是被禁止使用的。 | Uh, DLT right now in Guangzhou city WKN and its, uh, in its peripheral cities in Guangdong the electric bicycle are forbidden. |

语料02-22中源语的三个具体城市名，在译语中被概括为"peripheral cities"，仅仅传递了概括后较为笼统的语意，失去了具体城

市的名称,信息被稀释,信息发送者向信息接收者传递的意图受损,信息密度降低。

(二) 句子层面的信息"弱化"

很多时候,不仅仅词汇层面的信息被弱化,句子层面的弱化,也时有发生,如:

| 02-81 | str？他的垃圾基本上就是说,额,有一点,他的那个清洁工马上就可以把它投到这个投放口里面,它都不需要什么那个车过来,所以整,整个环境的那个,额品质提升了许多。 | WKN So they are all covered by our inlet system, and this has greatly improved the open space environmental quality in this densely populated area of Macau. |

在语料02-81中,源语详细介绍了采用新的垃圾处理系统后,垃圾的收集不再需要传统的垃圾车,而是可以通过垃圾投放口直接收集。而在译语中,这部分信息被概括为"they are all covered by our inlet system",源语中的人物(清洁工),事物(垃圾,车等)在译文中均被弱化为代词或表示类别的范畴词。

据统计,每场会议中"弱化"类的信息缺省出现的次数如图 4-8 所示。

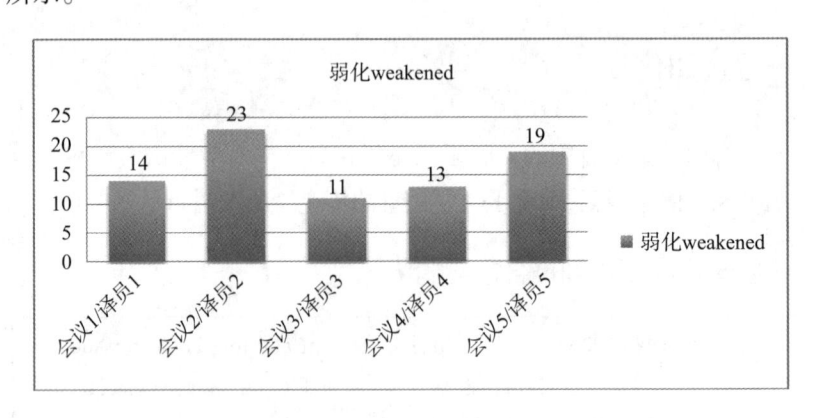

图 4-8 每场会议中"弱化"的次数

五场会议中出现"弱化"现象共计80次。其中,词汇层面的"弱化"共计36次,占45%;句子层面的"弱化"共计44次,占55%。每场会议中出现不同层次"弱化"类信息缺省所占比例如图 4-9 所示。

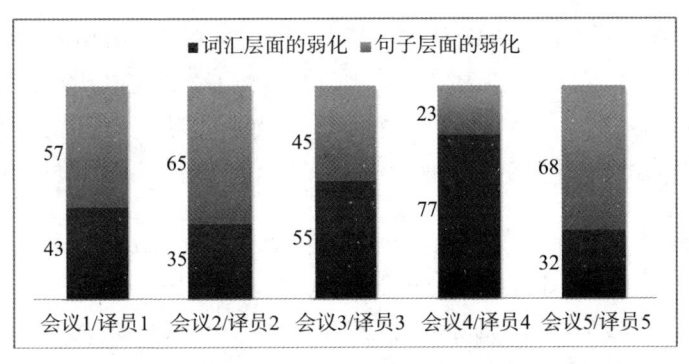

图 4-9　每场会议中不同层次的"弱化"占比

根据统计数据,在五位译员中"弱化"发生的层次并未呈现特别明显的趋向,其中三位译员句子层面的"弱化"占比更高;两位译员词汇层面的"弱化"占比较高。就平均值而言,句子层面的"弱化"占比(55%)和词汇层面的"弱化"占比(45%)各接近一半,也没有呈现特别大的差异。

六、流失

目标语信息缺省中的"流失",指无对应译语,从而导致主要信息的语意中断、流失。具体包括词汇层面的流失、句子层面的流失乃至语段层面的流失。从形式上看,"流失"和"删除"都是指源语信息在译文中没有对应的翻译,两者的区别在于,"流失"会带来主要信息的语意减损,或者影响译文的连贯性,而"删除"则不会严重减损语意。典型语料示例包括:

(一)词汇层面的流失

词汇层面的流失包括各种传达主题信息或关键信息的名词、动词、形容词、副词、逻辑关联词、数量词等。

| 03-03 | 我们跟中科院的LST dsif环境所一起合作。哦,这个LST dsif纽扣,应该不应该记进来;然后在服装的一个包装纸,咱们知道,咱们比如说做衬衫的一个包装纸,那么这个纸算进来还是不算进来? | Eh actually we have cooperated with the science, Chinese science academy to work on this. We know that, for example, for the packaging paper for a shirt. Should we take into, take that packaging material into that system boundary or not? |

语料03-03中的信息为译文中缺省的信息点。"环境所"是该项目的另一合作方，属于较为重要的项目背景信息；"纽扣"则是本语段两个具体列举中的一个（另一个为"衬衫的包装纸"），能帮助听众理解该项目的边界范围。又如：

01-26	LST othr 由于是一个原创型的设计，买了全球的专利，LST othr 所以呢在出口 rdif 订单的时候，价值提升了12美元，rdif 12 美元。	This is an original design and it bought global patent. The price of export DLT increased by 12 US dollars DLT.

语料01-26的源语包含两个逻辑关联词"由于"和"所以呢"，在译语中并无对应译文。一般来说，逻辑关联词彰显发言人的讲话逻辑，或引介新话题，或阐明与之前话题的关系，这部分译语的缺省会影响听话者对整个发言逻辑的理解。

（二）句子层面的流失

有时不止一个或几个单词，而是语段中的一个或更多句子，在译文中都没有对应翻译，如：

02-39	LST dsif 然后提炼生物柴油10,000吨，LST dsif 然后生产有机肥料额12,000吨，可以减少二氧化碳的排放1，额110,000吨。	CO_2 emission will reduce by 110,000 tons.

语料02-39源语中的两个小句都没有对应翻译，而这两句中都包含污染控制方面的关键信息"生物柴油""有机肥料"，还有重要的数字信息，丢失必定会给关键信息的传达造成影响。更为严重的信息流失，表现为一整个意义完整的语段，在译语中完全没有对应翻译，整段流失。如：

02-47	LST dsif 那么这个最高时速呢他是符合国家标准的。LST dsif 国家标准这种电动自行车作为非机动车它的最高限速就是20公里。	

在语料02-47中，整个语段的内容都被遗漏，不仅会给信息的传

递带来严重影响,甚至会影响译语的连贯性和前后衔接。至于为什么会出现这样严重的流失,在接下来的章节将会具体探究。每场会议中"流失"类的信息缺省出现的次数如图4-10所示。

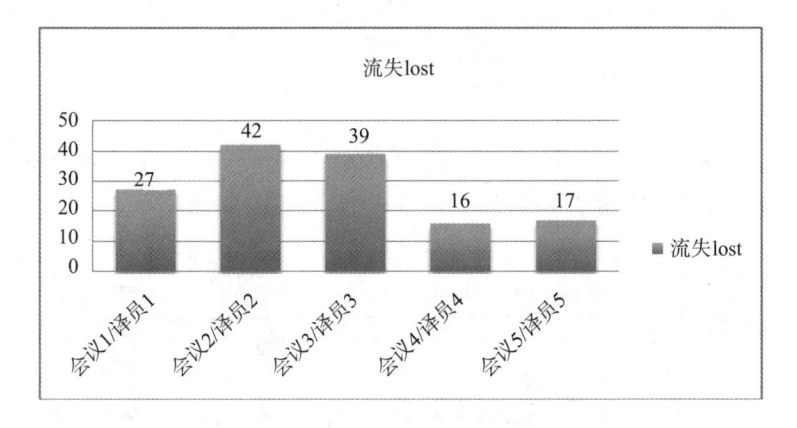

图4-10 每场会议中"流失"的次数

五场会议中出现信息"流失"现象共计141次,仅次于"删除",是出现频率第二的信息流失的类型。就语言层面而言,词汇层面的"流失"共计45次,占比32%;句子层面的"流失"共计96次,占比68%。每场会议中出现不同层次"流失"类信息缺省所占比例如图4-11所示。

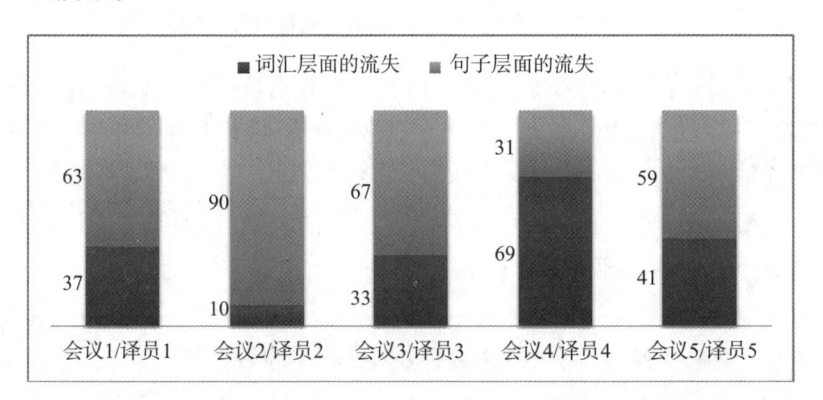

图4-11 每场会议中不同层次的"流失"占比

数据显示,五位译员中的四位,信息"流失"大多都发生在句子层面;仅译员4例外,其多数信息"流失"发生在词汇层面。但平均来看,句子层面的流失(68%)远远多于词汇层面的流失(32%)。

第二节 "信息缺省"的统计数据及其规律

一、信息缺省的类型分布

本研究统计了担任这五场技术类会议的五位译员在其同声传译中出现不同类型信息缺省的综合分布情况,如图4-12所示。

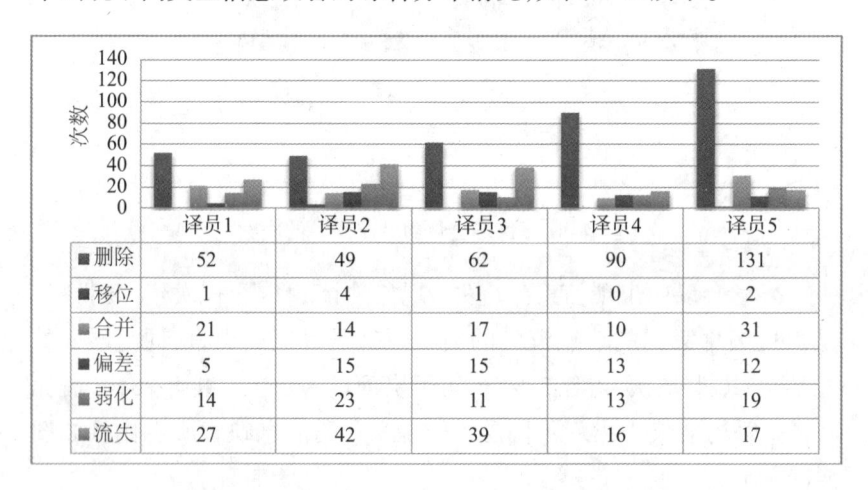

	译员1	译员2	译员3	译员4	译员5
删除	52	49	62	90	131
移位	1	4	1	0	2
合并	21	14	17	10	31
偏差	5	15	15	13	12
弱化	14	23	11	13	19
流失	27	42	39	16	17

图 4-12 五位译员出现信息缺省的综合分布情况

当然,这五位译员所翻译的五场会议,在选段的时间长度、发言内容、专业程度和译员个人风格上,都略有差异,在以后的章节中,会再做详细分析。

根据图4-12的分布,可以得出在五场会议中,每种类型的信息缺省累计出现的次数(图4-13)。

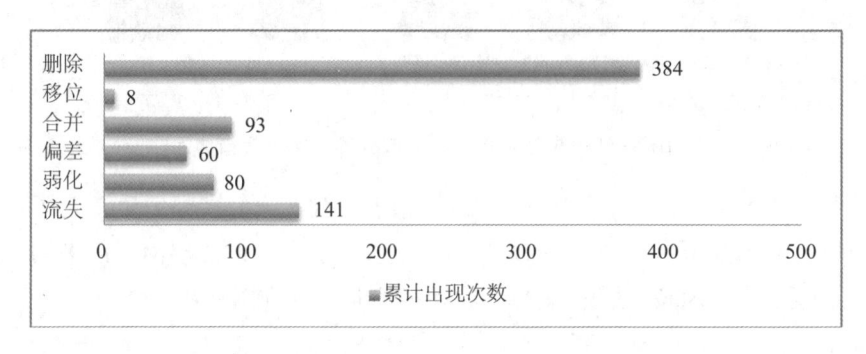

- 删除 384
- 移位 8
- 合并 93
- 偏差 60
- 弱化 80
- 流失 141

图 4-13 各类型信息缺省的累计出现次数

数据显示，五位译员在汉英同传中，"删除"类的信息缺省出现频率最高，总数达到384次；"流失"次之，达到141次；"合并"第三，达到93次；"弱化"第四，达到80次，"偏差"第五，达到60次，"移位"最少，仅8次。其中，每种类型的信息缺省在所有信息缺省中所占的比例如图4-14所示。

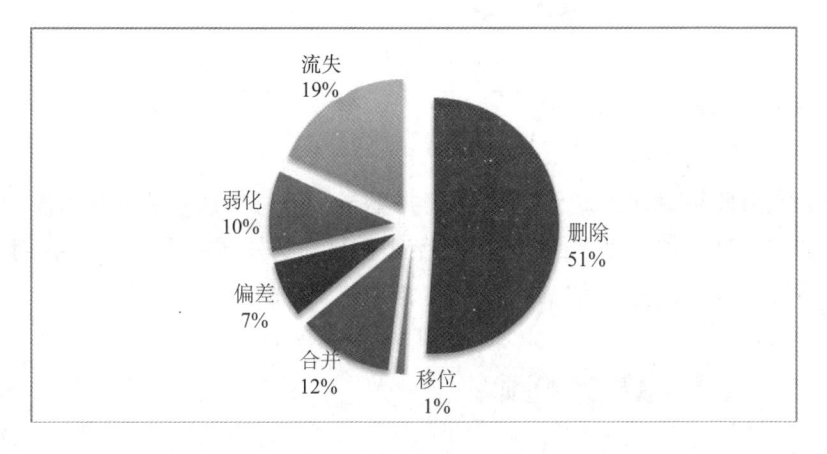

图 4-14　各类型信息缺省在所有信息缺省中的占比

二、信息缺省的性质分布

根据六种信息缺省的性质描述，"删除""移位"和"合并"这三类（累计出现485次）基本不会减损语意，而"偏差""弱化"和"流失"这三类（累计出现281次）则会在不同程度上减损语意的传达。张威（2011：90）认为，语意信息的省略主要是指"由于各种原因而形成的对重要主题信息、关键术语、专有名词、关键数字等核心信息的漏译"。在本研究的关键定义中，"信息缺省"的性质分为两种："减损语意的信息缺省"和"不明显减损语意的信息缺省"。前者影响主要信息的传达，即影响信息发送者想要传递的意义和意图；后者不影响主要信息的传达，但不同程度地影响框架信息和个人信息的传达。

因此，我们可以进一步统计，在所有出现的信息缺省现象中，这两种不同性质的缺省类型各占多少比例（图4-15）。

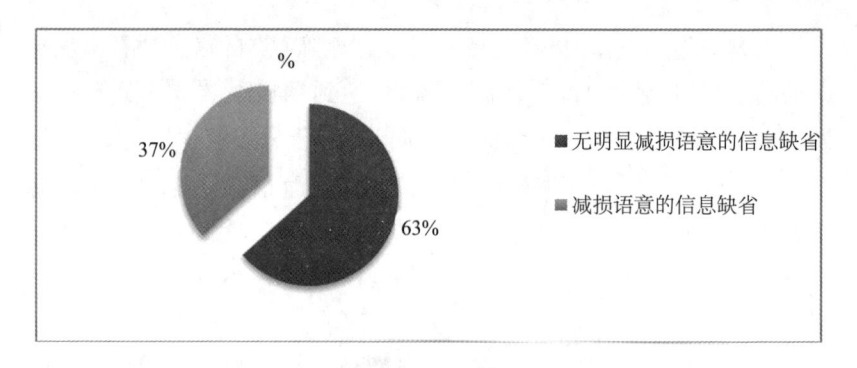

图 4-15 不同性质的信息缺省占比

由此可见，63%"信息缺省"，并不会给信息传递造成影响；37%的"信息缺省"，则会给信息传递带来明显影响。在后面的章节，我们将详细探究这些"信息缺省"究竟是如何发生的。

三、信息缺省的频率

根据统计，六种信息缺省在语料中一共出现766次，五位译员同声传译的同传时间共计75分40秒。据此计算，各位译员同声传译中平均每分钟出现的"信息缺省"的频率达到10.07次/分钟，即平均每分钟发生10.07次不同类型的"信息缺省"。不同译员发生"信息缺省"的频率如图4-16所示。

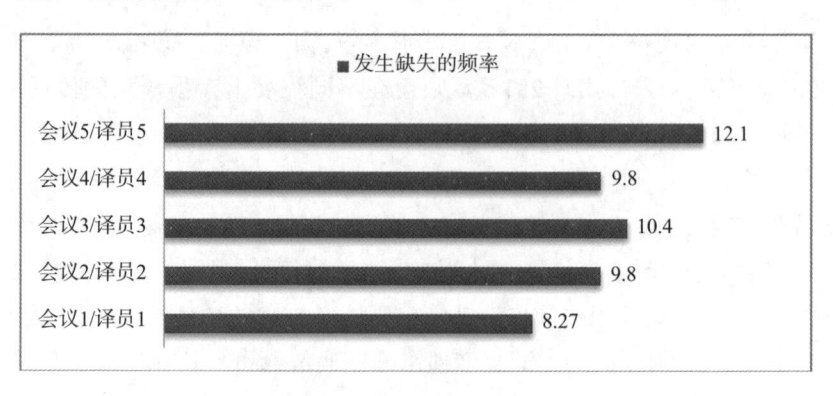

图 4-16 各译员发生"信息缺省"的频率（次/分钟）

如果我们把这个统计结果和每场会议选段的语速做个对比，如图4-17所示。

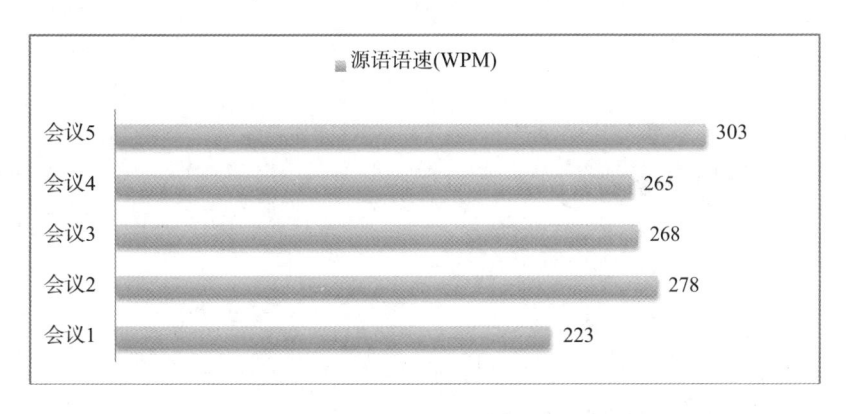

源语语速(WPM)	
会议5	303
会议4	265
会议3	268
会议2	278
会议1	223

图 4-17　每场会议工作语段的源语语速

　　可以看到，发生信息缺省频率最高的会议5，其源语语速是五场会议中最快的，达到303字/分钟；而发生信息缺省频率最低的会议1，其源语语速是五场会议中最慢的，223字/分钟。会议2、会议3和会议4的源语语速相近，其译语发生信息缺省的频率也都在10次/分钟，维持了相似的水平。

　　值得指出的是，本研究五场会议的源语语速均达到200字/分钟以上，最高的达到303字/分钟。如果参考1998—2002年总理"两会"记者会的主要发言人朱镕基总理的现场发言，平均速度是160~180字/分钟；2003—2011年的主要发言人温家宝总理的现场发言，平均速度是80~100字/分钟（王斌华，2013：120）。通过对比，可以看到超过舒适程度的源语语速和译员的信息缺省有直接联系，也是译员经常面对的挑战。

第五章

"信息缺省"的补偿行为探究

王斌华（2013：108）在其《口译规范的描写研究》中指出，译员在现场口译中倾向于遵循源语目标语关系的"意义一致性和信息完整性"规范，而且目标语相对于源语而言，呈现出"逻辑关系明朗化""信息内容具体化"和"话语意义显性化"的倾向。而在同声传译中，译员的目标语表达是如何实现上述三种倾向的呢？本章节将对语料中的目标语进行分析，逐一观察"信息缺省"现象的译员补偿行为，以及影响补偿行为的因素。

值得指出的是，在本研究六大主要"信息缺省"的类型中，并非每一种缺省都得到了补偿。如信息缺省中的"删除"和"流失"，从形式上看，两者都是指源语语意信息没有对应译语，从而无法从目标语角度考量译员的补偿策略。而其他四类信息缺省移位、合并、偏差、弱化，我们可以从目标与微观分析的角度，观察其中的规律。

第一节 "合并"的补偿

杨承淑的信息简化研究指出，从信息结构重组的角度来看，"合并"往往意味着"词汇层面的合并吸收或是句子内部结构的变形，前者有较高的规律性，后者则无"（杨承淑，2010：319）。在同声传译中，为了节约有限的时间资源，译员往往会合并表示时间先后的转折词"then""now"，以及属性功能相似的连词或词组，甚至小句子，这些都属于具有较高规律性的调整。而译员将句子简化归纳为词组，进行结构性的改变，语意上并无重大减损，但在句法结构或词语形态上产生了较大变动，这种变动更多的是和发言人的源语特征和译员的个人风格相关，不是规则性的变化。

根据本研究的语料，词汇层面的"合并"不仅仅为了节约有限的时间资源，也是为了译员能简化输出，以更好地分配认知资源，协调效率，如：

02-73	另外，额,neg我们像，想给大家介绍的项目呢，就是一个澳门的黑沙环，这个项目比较特殊，它是一个旧城改造rif项目。	Another project DLT is Macau Areia Preta. This is a, quite special project, because it's a renovation of old city DLT.

语料02-73中出现了一个澳门的地名"黑沙环"，其对应的译文源自葡语"Areia Preta"，对于来自大陆地区的英汉译员来说，无论从发音，还是记忆角度，认知负荷都比一般英语地名要高。Gile（1995）提出的认知资源主要是注意力和短时记忆力，他认为认知资源协调不佳会引起口译失败，即资源配置不良是导致任务失败的主要原因。而事实上，该信息点已经通过谈话的上下文（linguistic context）而成为发言人与听众共知的信息，可以看到，在前一个语料中，发言人刚刚提及该地名，译员也进行了正确的翻译。

02-74	rif因为澳门黑沙环呢,neg其实主要是额，它这里的人口占澳门的neg差不多六分之一。	MGD In this area, DLT the population takes up DLT one sixth of the total population of Macau.

因此，在紧随其后的语料02-74中，即使"黑沙环"被合并简化成"In this area"，也不会影响听众的认知。这种处理方式，显然比较偏重转化成目的语，减轻源语信息在保存与传输上的负荷，并解决同声传译时间限制与资源分配不足的问题，以降低口译的操作难度，提升目的语质量。

Shlesinger（2000a、2000b）的研究表明，在信息记忆压力较大的情况下，译员常常会选择省略，概括或解释的策略来处理，以减轻记忆负担。另外，关键信息的判断，以及对译语有效的监控等单项技能要比工作记忆容量更能解释口译活动的效果（Liu，2001）。如：

05-81	rif那服务器概念的话呢，既可以在企业内部，neg像这种现场部署，但用微软rif这个平台的话呢，用？（Azure）云部署的话呢，str？是更方便，而且呢性能也更可靠。	DLT We can actually deploy it on premise DLT, but also we can use Windows DLT Azure by Microsoft to deploy it on the cloud MGD in a more reliable and convenient manner.

语料05-81的最后两个小句"是更方便""而且呢性能也更可靠"在目的语中被译员合并简化为一个方式状语"in a more reliable and convenient manner"，尽管在句法结构上做了较大变动，但避免了出现新的主补结构（"性能更可靠"），减少了目的语句子的复杂程度。对口译而言，对译语产出有效的监控目的是让现场听众能理解所传达的信息，因此目的语言措辞不应艰深费解，风格不应烦琐晦涩，目的语应该是明晰畅达，通俗易懂的，同时要求信道压力适当。由于"受话人对难度和长度只有一定的承受力，口译应照顾这种承受力，其难度和长度的选择应适合受话人的信道接受力"（任小平，2000：43）。Goldman-Eisler（1972：128）的研究也指出，"译员在简化信息时必须同时动用保存、监控、提取等手法，而且在极短暂的处理时间内，译员必须对自己的注意力做出选择性的支配，包括信息的切分、保存、监控、提取等"。可见除了难度的选择外，长度和语速也是调整的重要内容，如：

05-104	str？系统的话呢，可以，现在因为我们从上海来，我们这个演示的系统看到一个？（site），这个是一个咖啡店，这个咖啡店的位置呢，具体的位置是在那个额普通（浦东）的那个，额时代金融的那个广场里面。	2p MGD This is a coffee shop which is located in the IFC at uh, Pudong.

语料05-104是发言人边做产品演示边讲解，现场投影仪展示出发言人演示的系统部署现场，其中包含大量说话者和听话者通过情境而共知的已知信息，如"系统的话呢，我们这个演示的系统看到一个？

（site），这个是一个咖啡店"。除已知信息外，还有不少重复信息，如发言人开场就介绍过自己来自上海，"现在因为我们从上海来"这部分对听众来说就是重复的已知信息。

根据统计，本语料的平均语速高达303字/分钟。Gerver通过语速与口译的相关性实验显示，译员的信息处理速度，随源语速度的加快，源语与目的语之间的时间落差拉长，信息处理容量加大，但是"当源语速度超过每分钟120字时，口译的产出就开始出现错误等质量降低的现象"（Gerver，1969：58）。中文方面，根据宋欣桥（1997：36-37）对中文语速的"准极限数"概念为基准的研究，中文口语语速的平均值大约每分钟240个音节。为了减轻自己在目标语发布中的负荷，同时照顾听众的信道接受力，避免听众的信道压力过大，译员对目的语做了大量"合并"式的处理。源语的四个小句被合并成一个结构清晰、语言简洁的复杂句"This is a... which is located..."。

此外，为了能够不影响语意的呈现，在做句子层面的合并时，译员需要同时采用稍长的EVS，听取相对完整的源语信息，再做结构或内容上的调整。前文提到，同声传译中有两种外在结构明显不同的EVS。一种字数较少，句法结构简单，且长度在两秒以下，属于"短EVS"，其结构特征是源语与译语都不含停顿；另一种字数较多，句法结构复杂，且长度达到两秒以上，属于"长EVS"，其结构特征是对应的源语或译语中，至少有一个以上的停顿。一般来说，在同声传译中，较短的EVS对译员应该是有利的。但是，过小的EVS，也有可能造成对信息认知和理解不完全，从而导致误译。在本例中可能造成大量目的语信息冗余，增加听众的信道负荷，而采用较大的EVS（译文中出现2秒以上停顿），译员得以专注于听取和分析原文，通过合理的合并和简化，保存关键信息，减轻自己在目标语发布中的负荷。

第二节 "弱化"的补偿

和"合并"类似的是，"弱化"也是指译员在口译中重组句子或短语，不同的是，"合并"不会严重减损语意，而"弱化"往往会带来语意的缺损。"弱化"的译员补偿具体表现为对源语信息进行简化概括，或者对源语信息进行拓展解释。根据本研究的语料观察发现,译文中尽管出现大幅度的信息简化与取舍,但名词与动词的词汇意义却往往能得以适当保留,主要表现为以下几种方式。

一、利用范畴词简化概括源语信息

在具体同传过程中,译员会将某一个或某几个具体的名词概括为该名词所属的范畴词,如:

| 02-21 | 那么,很高兴ngif我刚才接到一个电话说,广东省已经开始研究如何,额,去开放使用这个电动自行车。 | I'm very happy MGD to hear that the electric bicycle, uh, is, uh, likely to be lifted the ban on the electrical bicycle in Guangzhou is likely to be lifted in the near future. |

语料02-22单独来看并不属于专业信息,也非语言转换负荷大的源语信息,但是根据其前一语料的情况来看,译员在前一语段已经出现了明显的滞后:

| 02-22 | ngif我再说明一下这个电动自行车在广州、dsif深圳、佛山、东莞,目前都是被禁止使用的。 | Uh, DLT right now in Guangzhou city WKN and its, uh, in its peripheral cities in Guangdong the electric bicycle are forbidden. |

因此,当语料02-22出现比较密集的信息时,为了追上发言人的节奏,也为了避免后续滞后现象更加严重,译员往往会及时止损,将眼前的语段进行概括。

此外,还有大量的名词弱化现象,是针对源语中出现的语意模糊,或具有特定语意的专有名词,在遭遇翻译困难的时候,译员会通过语意的相关性形成类似提喻(synecdoche)的手段,即用局部代替整体或整体代替局部,种类代替个体或个体代替种类。在同声传译中,译员更多地会采取整体代替所属局部或种类代替个体的策略,应对一时无法翻译的困境,如:

01-22	tnif那么像类似于"省长杯"(同音)的工业设计大赛,啊在最近几年,每两年一次,在推动企业注重设计这个方面也发挥了很重要的作用。	WKN We have different types of awards in every 2 years. This kind of awards promote the development of the design industry in enterprises.

语料01-22中的专有名词"省长杯",对于译员来说极有可能是未知信息,是"省长杯"还是其他的谐音?在无法确定听到的信息是否准确时,出于自我保护,译员会先进行概括归纳,利用某一特定比赛和"different types of awards"之间的所属关系,以后者指代具体的组成成分,等待后续是否有机会补充。又如:

01-25	rdif其实在创新上来讲,就是完全根据美国市场消费者的生活行为的研究,tnif把多事炉(同音)(多士炉)跟蒸蛋器两个产品的技术整合,变成了一个多功能的这样的一个产品。	DLT This is RPCb an innovative breakfast machine DLT based on the consumer lifestyle and life behavior in the US market. WKN The company combined 2 different types of products into one.

在语料01-25中,发言人解释了一种创新设计的早餐机,认为它结合了"多事炉"和"蒸蛋器",这两个信息点都是说明该产品创新性的重要依据,而在译语中,"多事炉"和"蒸蛋器"两个具体专有名词被概括为其所属的种类:"2 different types of products",以种类代替个体,较为抽象笼统,损失了比较重要的信息,但避免了现场的尴尬沉默。这一现象不仅限于名词,动词亦然。

二、利用动宾结构简化概括源语信息

对于一些可以互换而不改变原句的意义的动词,即使删除也不影响原句句意。从结构上看,这些动词往往是加在某些词语前面,在形式上造成动宾结构,并拥有充当谓语的语法功能。在本研究的语料中,我们会发现译员在使用此类动词的时候,随后的名词词意也会淡化,从而形成一个语意扩大了的动宾短语,如:

02-32	就是额,tnif这些额酒精废液经过沼气这种厌氧生物反应之后,它的排放的污水的tnif浓度也相当高,LST tnif大概在8000,COD 在8000~10000ppn左右,LST dsif那么它不符合我们国家的相关标准。	The problem is,uh,the discharge of the sewage. WKN Uh,if we use this uh,way to uh,generate biogas from ethanol,then that will greatly increase the content of uh, the sewage,the DCP density of the sewage.

语料02-32中源语属于高度专业的内容,包含数个专业术语,如"酒精废液""沼气""厌氧生物反应",译员语言转换负荷极大。针对其中的"厌氧生物反应",译员将其译为"use this way",采用一个虚化的动词"use"加上语意扩大了的名词"this way",由特殊意义扩大指涉一般意义。又如:

05-62	就举例来说,通过电商或者通过游戏,那当我们假如说拥有几万的开发者,覆盖到十几亿用户的时候,tnif那我们那时候就可以找很多的游戏开发商跟他们去代理、联运,然后把这些APP,嗯把这些东西呢,集成到这些到APP里面去,等等类似的方式吧。	And say we have some,say uh, games and applications for some e-commerce companies,so that if there's a larger subscriber bases, WKN we can work with those, say,service providers,so that we can monetize our application.

语料05-62源语也涉及数个专业术语"游戏开发商""代理""联运"等,诸如"代理""联运"这样的词汇,在不同的行业,其含义也各有不同,在没有把握翻译出最准确的译语时,译员同样采用了虚化动词"work"加名词"service providers",构成一个指涉意义扩张了的动宾结构,以保持目的语的流畅,最大限度地再现正确的信息。这种动宾结构的采用,使句子结构变得更为单纯,成为同声传译信息传递中效率极高的操作模式。

三、利用情境因素简化概括源语信息

前文提到,情境因素包括现场播放的PPT和视频音频等资料。很

多时候，为了追补滞后，或减轻认知负荷，译员会引导听众留意某种情境因素，如：

| 02-46 | 那么我们这里看看他这个整车重量呢，tnif是只有16.5或者只有16公斤，都使用锂电池。 | Here we can see some specifications such as the total weight, WKN uh in the second column. And uh, the battery, uh, they are using lithium battery. |

本例中译员引导听众阅读现场PPT图表的第二栏，即描述电动车重量的一栏。如此一来，尽管原译文的信息不再完全对称，译文字面的信息量被削弱，但对译员而言，无须翻译同传中极易出错的具体数字，也能让现场听众获取必要的信息。

四、拓展解释源语信息

"弱化"不仅仅表现为对源语信息进行简化概括，也包括对源语某一信息进行拓展，但是即便用更为详细的解释说明，也未能完整传递等量的源语信息，如：

| 04-28 | 主要职责有这几项：LST dsif一，负责本场航班生产的ngif具体组织指挥，ngif及时准确地向tnif生产保障部门提供航班ngif动态信息和机内的tnif（机位调度）信息。 | It's main responsibility are as follows. So...so organizing and command DLT flight operations, providing DLT flight information and WKN barking...parking stand information to all WKN operative departments DLT. |

语料04-28中源语的"机位调度"是机场管理中的一个专业术语，其对应的英文为"gate assignment"，译员在不熟悉这一术语的情况下，会尝试用自己对该中文词汇的理解进行拓展或解释（此处解释为"parking stand information"），但对于英语专业听众而言，这样的解释未必能传递对等的信息，又如：

| 03-08 | 嗯，因为在我们的生产阶段，ngif 大家很多都是在企业，有企业经历的，我们知道，在企业里面呢，我们不太可能，LST str？首先第一个，不太可能做到tnif三级计量。 | In the first place, in the manufacturing processes, DLT we know that...we don't have the 2p WKN three-tier calculation system. |

在语料03-08中，源语的"三级计量"是能源计量中的一个专业术语。一般来说，进出企业的能源计量称为一级能源计量，车间是工厂的第二级机构，所以把企业内部考核到车间的能源计量称为二级能源计量，机台的生产班组是工厂机构的第三级，也就把考核重点用能设备的能源计量称为三级能源计量。所谓的三级计量，实际上是指"用能设备"，而译员根据字面的理解，将其解释为"three-tier calculation system"，同样不容易给现场听众传递对等的信息。同时，译员为了能专注于听取和分析原文，尽量保存关键信息，以便应对口译中的困境，减轻自己在目标语发布中的负荷，也常常采用较大的EVS（本例译文中也出现2秒以上停顿）。

第三节 "偏差"的补偿

目标语信息缺省中的"偏差"，是指译语与源语传递明显不一致的信息。语料显示，"偏差"主要有两类：一类是译员对其源语中的明显错误或含混不清进行修正；另一类是译员对源语的理解或阐释出现了问题，导致目的语与源语传递明显不一致的信息。

一、对源语中的明显错误进行修正

王斌华（2013：108）指出，目标语相对于源语而言，呈现出"逻辑关系明朗化""信息内容具体化"和"话语意义显性化"的倾向。口译中最务实的议题之一就是如何针对信息去伪存真，彰显重要信息。具体到同声传译中，由于本研究所用语料均为即兴或有一定准备的发言，因此讲话的流利程度和带稿传读相比低了不少，大多数时候发言人没有演讲全文文稿,而是根据准备的发言内容现场组织语言,因而存在犹豫、重复、纠错、语法错误甚至口误还不自知,对于发言人讲话中逻辑或语意不清的地方,译员通常会在目的语中加以显化,如:

| 03-54 | tnif所以在产品上面,他们LCMP的方法是实现不了的,实现不了的。 | So in terms of…en…when you use LCMP, it cannot objectively reflect DCP the carbon effort or the carbon reduction efforts of the enterprise. |

在语料03-54中,发言人提到的LCMP方法,并指出该方法"在产品上实现不了",这在中文里是非常模糊的表达:是无法直接应用在产品上,还是无法实现预期结果?译员根据语境、情境、谈话主题和参与者共有的知识经验等,若是可以确定为已知信息,则会在目的语中将信息内涵外显和强化,以排除模糊,明确所指。正如本例中,译员根据语境判断,该方法无法实现需要的结果,因此译文采取了和源语不一致的语言表达和信息选择。

其次,对于源语中不符合常规表达的语法结构,目的语中会根据译语形态和语用常规进行修补整理,如:

| 03-25 | 那么我们通过这种tnif模块化的一个分配方案,就可以dlv?实现刚才我们说的这么多的困扰,rdif这么多困扰。 | With this kind of DCP molecular approach, we can actually DCP overcome those difficulties that we have when it comes to allocation. DLT |

语料03-25中存在不符合常规的中文搭配"实现……困扰",一般而言,中文单词"实现"往往伴随一些令人期待的结果,而"困扰"显然不是,因此目的语中,受译语形态和语用常规的限制,译员并未选择"实现"的对应英文,而是选用了常规化的"overcome those difficulties"。

再次,对于发言人源语中的明显口误,译员也会根据情境因素加以修正,如:

| 03-39 | LST dsif它分了三个部分。ngif那首先呢,这个地方是它的一个总部的一个dlv? 08年到2001年的一个,额,碳排放rdif的一个情况。 | 2p DLT This one shows the carbon emission in the headquarter from DCP 2008 to 2012 DLT. |

前文指出,要理解演讲者的言谈内容,仅靠聆听口语内容是不够的,"言谈的整体全貌包括前述媒体信息、口述内容和现场情境三者的结合"(杨承淑,2010:25)。因此,在把发言人的源语内容转换成译语的时候,仅仅传达口语言谈而忽略现场情境以及媒体信息,很可能会造成信息失真。如在语料03-39中,发言人解释图表时指出该图表展示了"08年到2001年的情况",这是一个听起来明显不符合逻辑的表达。在涉及不同年份的回顾或比较时,演讲人一般都是按照时间顺序由远及近地表述年份,如"2001到2008年",而不是"2008到2001年"。有经验的译员此时会格外谨慎,会搜寻可用的一切情境因素加以修正,实在没有把握时甚至会选择放弃该信息先不做翻译。事实上,在本语料中,当时发言人正在讲解的PPT图表上就有年份的数字描述,因此译员利用了这一现场媒体信息,对发言人的错误进行了修正。

实际上,在越来越多的同声传译会议中,媒体信息所涵盖的信息内容、形式、广度和变化,往往比一般情境信息更为复杂,包括了书写的文本,由不完整的句子构成的各级标题和子标题,文字和数据构成的各类图表,现场视频音频,等等。当这些信息和发言人的口头话语一起呈现给听众时,其情境意义也在发挥作用。译员必须在极为有限的时间内正确解读,迅速掌握其意义,并将其还原成词语,才能完整准确地传输信息内涵。

二、对源语的理解或阐释发生偏差

第二类"偏差"是译员对源语的理解或阐释出现了问题,导致目的语与源语传递明显不一致的信息,如:

| 03-47 | 这就是,额……额tnif WWF推出的一个LCMP的一个认证,rif一个认证,LST neg比较简单。 | That is the…LCMP certification DLT by DCP uh ICF. |

语料03-47中出现了两个缩略语:LCMP和WWF。一般来说,对于符号、数字、图形等语言形式,要想准确传达其语意内涵,还是要将其还原成词语。如在缩略语方面,除非译文听众早已人人皆知,否则最好在初次出现时还原成原貌,以完整的词语重现其全称,等听众熟悉之后再改回缩略语(杨承淑,2010:26)。但是假如译员也不熟知

缩略语所代表的内涵，还原成词语就十分困难了，唯有对该部分信息进行记忆，存储和重复。根据Gile（1995：172-176）的分析，同传中形成短时记忆负荷的主要原因就包括：从源语语音提取到理解加工之间的间隔。Franks和Bransford（1976：88）认为理解和记忆是"以语意信息为基础，而不是以语句的形式或结构为认知的基础，因此，一个单句如果不能形成完整的语意，反而不如2~3句所形成的信息更容易让听众记住"。因此在本语料中，译员无法准确记住两个内涵不明确的缩略语，在正确重复出LCMP之后，WWF就被错误地重复为"ICF"，语意出现了明显偏差。

有时候，目的语中的偏差并非源于理解困难，而仅仅是译员的口误，如：

02-64	另外一个是阿罗哈。因为这个，这个社区主要是tnif别墅，还有一些tnif小高层，LST dns它是临，额，离海很近。	Another project of property development is Aloha in Sanya. This is a high-end residential area featuring DCP pillars（villas）and DCP independent houses.
03-19	str？那么，我们是怎么去考虑呢？我们给了一个示意图，我们用的方法叫模块化—modular method。	MGD So, if you look at this chart, we used the, eh, DCP molecule methods.

语料02-64和03-19中，villas被说成pillars，modular被说成molecule，并非是由于源语难以理解或记忆，而是由于目的语中有相似发音或拼写的单词，译员一时之间受到了相似词的干扰，而导致译语出现偏差。

此外，有部分源语信息虽不难理解，但译员在阐释时遇到困难，于是采用其他的共知信息加以填补，以免现场出现长时间停顿，如：

| 01-57 | 我这里是从一本书中间扫描下来的，啊，中国的家电企业，在他们的？（slogan）口号中，dsif我们会看到对"生活"这样的一种扎堆，rdif大家都一样：dsif创意感动生活、健康美妙生活、心灵感鲜生活、精致你的生活、快乐创造新生活，等等等等等等。 | I scanned these from a book. The slogans for the home appliance companies in China. WKN They all position the...2p themselves on life per se. DLT DCP Say for example TCL, Chuangwei, Changhong, Hisense, all those brands are focusing on life, these two characters, these two Chinese characters. |

语料01-57的后半段出现了大量广告语，信息的难度和密度都很高。翻译广告语句在笔译里也是翻译的难点之一，有时甚至会被认为"不可译"，需要运用多种翻译技巧进行处理，才能同时满足达意、传神和表形的翻译要求。因此在时间资源极为有限的同声传译中，此类翻译的挑战就更大了。但若简单地略过不翻，则会造成现场长时间的停顿和听众的困惑，因此译员采用其他的共知信息（如品牌名）加以填补，因为在现场PPT上，恰好列举了这些广告语，以及其所代表的品牌。此外，译员还将源语中的诸多广告语概括减缩为"all those brands are focusing on life"。事实上，在信息负荷过多的时候，译员往往将没把握的信息暂且不译，而将能译的信息先行译出，来缓解自己的不利处境。这实际上也验证了杨承淑研究中的"分批处理"策略，即"译者会先过滤部分信息（删除或减缩）来产出口译，待有把握的时候再做补充说明，这种分批处理的方式应该是信息处理效率较高又能解决信息保存困难的有效方法"（杨承淑，2010：216）。又如：

| 02-26 | tnif那么它可以获得额比这个一般汽油这个烷辛值……这个就是我们汽油的标号，这个实际上它的标号更高可以达到137。 | DCP In this project, uh, the, uh, Nanning project was able to generate biogas and then use the biogas to provide power for the vehicles in Nanning of Guangxi Province. |

　　语料02-26不仅包含专有名词（烷辛值），同时源语句子结构也因为口语表达的随意性而显得不规范："它可以获得额比这个一般汽油这个烷辛值……"后出现了较长的停顿，随即接了一个插入语"这个就是我们汽油的标号"，直到最末才出现"的标号更高可以达到137"，实际上句子的整体结构应该是"它可以获得比一般汽油的烷辛值更高"。由于译员尚未听懂，或者因为歧义和破碎语法造成的无法判断，通常只能等待源语后续不成的内容，才能做出明确判断。但在等待的过程中，译员也会因为存积了过多信息，一直无法完整保存信息，从而造成信息缺省。因此在本语料中，在经过等待之后（uh, the, uh,）译员依然无法把握句意并进行准确阐释，因此只好采用语意的取大舍小，用极为笼统的但却肯定正确的已知信息简单概括该项目，以此缓解自己的不利处境，但在语意上，却和源语大相径庭。

第四节 "移位"的补偿

典型语料示例如下:

05-92	那,嗯,我们的客户呢目前呢有一些像是那个?(RPCa tnif Gloria Jean's)的一些咖啡店,LST neg它们是一个连锁企业,它们在无线应用过程中呢,就提了很多,neg小的一些要求。	Some of our DLT clients are actually uh, a coffee shop, so when using our wireless application, they have raised some DLT requirements.
05-105	dlv?它下面呢有一个,二楼是一个是?(Starbucks),rif下面是?(Gloria Jean's),是澳洲最好的咖啡店。	DLT Uh, on the second floor there is a Starbucks, and WKN this is our company RPCb Gloria Jeans, the best coffee shop in Australia.

语料05-92,发言人介绍所在公司参与的项目,其中的一个客户是咖啡连锁店Gloria Jean's(标记为RPCa)。由于发言人并非以英语为母语,英语发音存在瑕疵,对于忽然出现的这一英文品牌名,译员并无十足把握,因而对应目的语中仅译为"a coffee shop",具体的品牌名缺失了。直到案例展示不断继续,译员在隔了几个语段后,当发言人再次提及该品牌名称,同时现场PPT中展示了该品牌咖啡店的照片,上面显示出了品牌名,译员比较有把握的时候,才将其补足(标记为RPCb)。

前文提到,在观察口译主题和情境的关系时,我们会发现其中包含已知信息,即指说话者和听话者通过情境而共知的信息;未知信息,即主题为听话人未知的信息。根据Grimes(1975:293)提出的重复结构的信息传输模式,"话语组合顺序由旧信息、新信息、信息重点等因素决定,通过不断重复旧信息与加入新信息,实现信息的传递,其中信息重点是指话语信息的焦点内容"。在技术领域的同传活动中,这样的信息传输结构尤为明显:信息的传递以说话者为起点,通过说话者不断重复部分旧信息,融入新信息,如此循环往复,直到译员充分理解信息意义。具体到技术类会议的情境中,情境因素和口语表述一起呈现在听众面前时,其情境意义也发挥着重要作用,因此仅仅靠译员聆听发言人的口语言谈,译员是无法全面理解其内涵的。这就解释了 Gloria Jean's 第一次出现时,仅靠聆听,译员无法把握其内涵,直到更丰富的情境因素得以介入,如发言人再次口述,同时结合现场PPT图片,译员才能判断出已知信息的具体内涵,并准确地将缺省的信息补充完整。又如:

| 03-68 | RPCa dns这里面给出的一个例子呢,是牛仔布的织造和染整加工,染整加工。 | |

| 03-71 | 我们给出这样的一个工艺流程图之后呢,我们来看看在这个工序上,工艺上,是哪个工序的一个碳足迹更高。 | By having this layout, you can clearly see the uh process map of RPCb fabric weaving and finishing process and have a clear understanding of which stages, which processes can generate the largest amount of emission. |

在语料03-68中,发言人开始讲解具体例子。此处译员没有翻译"牛仔布的织造和染整加工,染整加工(标记为RPCa)",直接开始翻译紧接着的语段。直到语料03-71,也就是发言人整个例子讲解完毕后,现场PPT出现了发言人之前提及的完整的工艺流程图,其中以中文显示了"织造和染整加工"这一工序,译员才对前面的缺省做了补足"fabric weaving and finishing process(标记为RPCb)"。由此可见,译员对于"牛仔布的织造和染整加工"这几个专业术语,并非不会翻译,那为什么03-68中没有对应的目的语呢?

根据认知负荷模型,可以有效解释形成口译失误的两类原因:一类是口译员认知负荷过载所导致的;另一类并不是整体资源的"过载",而是"能力管理"上的问题(Gile,1995:171、186)。具体表现是,某一个不应形成很大困难的任务却难以完成,其原因是认知资源过多地用于先前的任务,因而难以充分地解决当前的问题。刚才提到,译员前一个语段的翻译已经出现了明显的滞后:

| 03-67 | 所以我们就,str？在我们的研究中呢,我们根据给出不同工序的碳水足迹,以及不同的排放源的碳水足迹。 | So by providing this kind of research result, DCP we can give suggestions as to what needs to be improved…2p en in terms of specific products and procedures. |

03-67的源语发布存在明显的语言结构问题,"所以我们就"和"我们根据"都是属于语意不完整的碎片信息,对译员的理解造成的干扰,致使目的语译文出现了偏差和明显的大于两秒的停顿（……）,最终导致翻译的滞后,进而影响下一个语段的信息处理。也就是说,在接下来的语段03-68中,一些影响口译质量的因素并不存在,但口译错误或遗漏依然出现。因此"这些现象显然不能由译员的语言水平,百科知识或口译技能等因素来解释,其真正原因在于认知资源的配置与协调效率"（Gile,1997：244）。假如译员具备一定经验,往往能够充分利用现场PPT上的标题,计算或统计图表,以及手中的会议材料,甚至还可以通过向搭档求助,在接下来的同传中,在合适的时机对缺失的信息进行补偿。

第五节　补偿行为的影响因素

综上所述,在本研究观察的六大类"信息缺省"现象中,"流失"和"删除"都是源语信息在译语中没有对应的目的语,因而很难从目标语微观分析角度探究其补偿策略。略过不译是所有信息缺省应对策略中最为快捷的处理方式,因而也是发生频率最高的处理方式。两者的区别在于,"删除"往往出于词语或句子内容的冗余,避免发言人或听众对于已知信息的重复接收,多属于译员策略性的选择,因此不会严重减损语意,无需特意补偿；"流失"往往受制于译员的能力等因素而无法补偿,因此带来语意的减损,或影响译文的连贯性。除此之外的四类"信息缺省",均在译语中获得了不同层次的补偿。根据对译员补偿行为的观察和描述,我们可以归纳出具体制约译员补偿行为和补偿效果的一些主要因素。

第一，译员信息处理能力。根据重复结构的信息传输模式，"话语组合顺序由旧信息、新信息、信息重点等因素决定，通过不断重复旧信息与加入新信息，实现信息的传递"（Grimes,1975:293），其中"信息重点"是指"话语信息的焦点内容"。这一理论中的信息类别与Gile（1995）的"话语信息层次"理论有不谋而合之处。在本研究的语料观察中，这些理论也得到了印证，信息内容的主次划分（是主要信息还是二级信息），是技术领域汉英同传中译员信息选择和处理的重要依据。一般情况下，信息处理能力强的译员会尽力保存主要信息，而二级信息则会被更多地采用"删除"或"合并"方式简化处理，以最小化对语意信息的影响。此外，信息处理能力还表现在对新信息学习吸收的能力上，通过不断听取新信息，一些先前译员无法译出的信息，能够在后续译文中得到补充。

第二，译员工作记忆调配效率。在信息记忆压力较大的情况下，出现"合并""弱化""偏差"或"移位"的概率较高，可见译员常常会选择省略、概括或合并部分信息的策略来处理，以减轻记忆负担。因此工作记忆是影响口译加工与效果的一个重要因素。但除此之外，重要信息的判断，以及对译语产出有效的监控等单项技能也对口译的效果起重要作用。认知记忆因素与其他多种语境与语篇因素相互作用，共同影响着口译认知加工过程，决定着口译实际的具体表现和结果。

第三，译员主题知识储备。译员经常需要翻译他们不熟悉的概念或思维架构，如果主题知识不足，源语语意信息在译语中就缺乏对应项。此外，由于同声传译的时间限制，一旦背景知识缺乏，或者译员常常没有足够的时间和精力判断和补足话语中可能出现的句子结构的瑕疵，往往会导致信息的"流失"或者"弱化"。

第四，译员口译策略选择。口译中的不少信息不对等现象往往有口译策略的作用，尤其在同声传译这项时间资源极为有限的口译活动中，要及时产出一个可接受的语篇，有时需要某种程度上偏离语言对等，或进行一定的信息过滤，来提高语篇的交际效果，缓解认知负荷的压力，这样的处理（如"合并""删除"和"移位"）未必会降低语篇的忠实性。

第五，口译规范制约。在一些信息缺省的类型中，如"偏差"，译员的译文和源语内容大相径庭，或者译员不断重复已知信息，其主要原因多是译员出于交际效果和自我保护的原则，试图避免出现明显的翻译错误或长时间尴尬的停顿。正如王斌华（2013：119）所指出，"口译目标语偏移的首要动因是，译员在目标语表达中有追求交际功能最优化的倾向"。

第六，听众期待。技术类会议的与会者，包括讲者和听众，都是该领域的专业人士，深谙技术背景，还有不少精通双语者，所有这些都给同声传译员带来不小的压力。源语内容的专业性要求译员要了解听众期待，并使用符合目标语规范和习惯的表达，才能符合行业习惯。在技术类的会议中，听众往往期待更多"干货"，因此在同传过程中，译员对于源语中的二级信息的过滤处理也更为明显。

第六章

"信息缺省"的触发原因探究

通过前文的分析，我们可以看到，本研究中观察的汉英同传中的"信息缺省"现象，并非全部都会影响信息完整性，因此不应被简单归结为口译错误。事实上，由于口译活动尤其是同声传译的复杂性，使得同传中的"信息缺省"成因也十分复杂，有来自发言人的因素，也有来自同传现场的因素，还有来自译员自身的因素。杨承淑（2010：321）认为，"简化的成因大都属于外在变因，如语速，话语情境以及同步线性的信息处理模式，而非语言组合，口语或书面语特征等普遍性较高的因素可以涵盖或解释，因此口译员个别的选择性与技术性调整的特征，高于规律性的义务性调整手段"。但是，杨承淑的研究仅限于不影响语意的信息简化，但在本研究中，有3种信息缺省的类型（弱化、流失、偏差）都对语意有较为明显的影响，所占比例占全部信息缺省类型的37%。这些缺省的触发原因又是什么呢？仅仅用"不会翻"或"来不及翻"来解释如此频繁出现的口译现象，已经无法满足今天口译研究的需要了。

我们知道，口译产品研究的一个重要方法，是源语和目标语的比较及其关系的定位。口译的源语和目标语都是通过口语形式发布，"口译的发布方式（delivery）对于源语信息和意义传递有着重要作用，因此，有必要考察与源语和目标语发布相关的各种参数，如语速，停顿，吐字等"（王斌华，2013：60）。但在口译研究已有的文献中，这些方面甚少涉及。除了发布方式以外，口译的内容也是产品研究的重要方面。Gile（1992：189）认为，口译应该忠实于源语的"信息和风格"，重点是"信息内容"，而不是语言的"包装"。因此，本章节尝试从源译语发布方式和深层语意的对比上，探究汉英同声传译中出现各类"信息缺省"的触发因素。

通过对语料的观察发现，目标语信息缺省中的"删除"，从源语发布方式和深层语意角度观察，其触发因素主要有七种，具体表现为源语或发布过程中出现（1）冗余信息（redundancy）；（2）可忽视信息（negligible information）；（3）专业技术信息（technical information）；（4）语言结构逻辑瑕疵（loose structure）；（5）冗余不足（high information density）；（6）发布瑕疵（deliver issues）；（7）其他原因（other reasons）。值得指出的是，源语信息单位可能包含若干种语言和发布方式的特征，本研究在语料标注的时候，尽量选择该语料最突出的语用特征加以标注。同时，为避免原因判断过于主观，本研究将尽可能通过数据的统计来反映源语特征和译语信息缺省之间的关系。

第一节　冗余信息

Shannon（1949：5）认为，"信息在信道传递不可避免地会受到噪声干扰；为了保证信息传递的准确无误，信息发送者在编码时需要对信息进行重复或累加，使信息接收者收到比实际需要多一些的信息，以帮助破解信息发送者所要传递的真正信息，从而顺利完成信息传递，这些多出来的信息便是冗余，就是信息传播活动或情景中'已知'或'可以预测的'或'重复'的信息"。语言交际之所以能够顺利进行，一个很重要的原因便是存在冗余，而在语言交际中，如果一种语言中的冗余被原封不动地搬到另一种语言中，往往很难与另一种语言信息接收者的信道容量相吻合，影响交际的顺利进行。因此，从信息论角度来看，在信息传递中保持适度的冗余是必要的，冗余过多或过少都会影响信息传递的准确性。就本研究观察所得，源语中的信息冗余包括重复的信息以及情境暗含的信息。

一、重复冗余的信息

重复的信息，顾名思义，指前文中已经提及，又再次被提及的信息。包括语言形式上的重复和语意内容的重复，包括冗余的概括或解释。

（一）语言形式的重复

典型语料示例如下：

01-13	ngif 啊实际上他已经是在金融危机之前，rdif 早就给广东的政府，给企业 rdif 早就提过这个问题，rdif 啊早就提过这个问题。	DLT Before the financial crisis, DLT he provided his ideas and opinions to the DLT government and to the industry. DLT

语料 01-13 中"早就"出现了三次，"早就提过这个问题"重复出现了两次，是典型的语言形式上的重复，在目的语中均被删除。同样：

03-07	rdif 刚才我们有专家也提到分配原则，为什么这么重要？为什么？str？那么我们来看看为什么这个问题这么重要。	MGD Why is this uh, important? DLT

语料 03-07 中反复多次出现"为什么这么重要"，语言形式上不断重复，却没有新的有价值的信息点出现，因此目的语中译员也做了明显的简化。又如：

02-68	另外就是北京中石油大厦。	Another project is Petro China office building.
02-69	北京中石油大厦呢，它是有两类。它一个是厨余垃圾，还有一个是生活垃圾。	DLT We were involved in the kitchen waste and uh, household waste collection.

语料 02-68 和 02-69 是前后顺序相邻的两个语料，发言人介绍的是其公司的垃圾收集系统及具体应用案例，其一就是北京中石油大厦。02-69 开头的"北京中石油大厦呢"，重复了 02-68 的内容，属于语言形式上的重复；"它是有两类"之后便紧跟"一个是""还有一个是"这

两项具体解释,因此"它是有两类"可视为语意内容冗余,故译文进行了删除。一般来说,译员摄取言语语篇意义时力求过滤出最为关键的信息特征片段,具有浓缩、无冗余的性质。

由此可见,在职业口译行为中出现的"删除"现象,往往不是由于源语难以理解,或者译员不具备相应的语言能力,这其中有口译策略,交际功能和语用因素的作用。正如Gile(1992:188)指出的那样,口译中产出一个可接受的语篇"需要某种程度上偏离语言对等,而且,通过一定程度的'过滤',来提高语篇的交际效果未必会降低其'忠实性'"。同传的性质允许译员对信息的输出处理有更大的自由,在输出的程序上保留主要的、剔除次要的。

(二)语意内容的重复

语意内容的重复,包括冗余的解释概括或同义词近义词的使用,典型语料示例如下:

| 01-37 | 而中国的所有的技术,所有的设计都是你干了,str？在整个销售中间的比例多大呢？1/4。另外的rdif 75%,3/4,是f—line这个othr品牌来拿走。 | The company in China is responsible for all the technology, design and manufacturing, MGD but the profit gained by the company is just around one fourth. And F-line, an Italian DCP company gets the rest DLT thir...uh, three fourth. |

上述例子中75%和3/4意思是完全一样的,译文只需翻译其一即可,又如:

| 01-34 | 产品设计能力的rdif提升和改善可以令订单有所增加,利润率的比例rdif有所提升,str？它是有贡献的,但是能不能在根本上解决问题？ | The MGD improvement of the capacity of product design can improve the quantity of the orders, as well as the profitability or the profit margin. DLT MGD But it can not change the very basic foundations. |

语料01-34中"提升和改善""有所增加"和"有所提升"均属于近义词的,虽反复出现,表达的却是相似的内容,在这种情况下,译员出于过滤出最为关键的信息特征片段的目的,往往会对源语进行信息

删除或合并。

二、情境暗含的信息

本研究中的"情境暗含的信息"是指"主要信息",即信息接收者听未知的信息,隐含于同传情境中。"情境"这一概念,参考了根据德国心理语言学家 Buhler（Koerner & Konrad, 1984：8）提出的"双语场理论（two fields speech signs）",包括"指涉语场（index field）"和"符号语场（symbolic field）"。

（一）指涉语场暗含信息

指涉语场是指"以事件现场为主体,表示眼前的所指语场,亦称情境"（Koerner & Konrad, 1984：8）,如：

| 05-11 | 那么接下来有请ngif我们的创业者,应该是彭,彭杰,对吧？rdif接下来的时间交给我们的台下的评委,不知道哪一位评委首先有哪些问题,好,童总。 | Okay, we have got Pengjie DLT up here on stage again. MGD Let's see whether any judge would have any question…okay, Mr Tong, please. You go first. |

语料 05-11 所在的会议选段是竞赛形式：每位参赛发言人（即创业者）做完讲解后,台下数位评委酌情进行提问,整个流程在一开始就由主持人介绍过,并且在随后的会议中不断依此操作,因此现场听众已经十分熟悉所有流程,一旦发言人讲解结束,接下来便是评委提问时间。因此,语料中"我们的创业者"和"接下来的时间交给我们的台下的评委"便成为冗余,根据事件现场情境,听众完全可以预知或还原这部分信息。

| 04-16 | 谢谢！您准备得很充分,介绍得很详细,但是呢,看来我们的系统不太给力啊,rdif这个影响了你汇报,非常抱歉,下次我们加强这种,rdif额会议的准备。 | Thank you, Mr. Li. Mr. Li is well prepared with very detailed uh…explanation, but the system may be uh…uh…sometimes is not compatible. DLT I'm sorry for that. So we will enhance the, our preparation effort for the next time DLT. |

类似地,语料04-16中"这个影响了你汇报"也属于指涉语场暗含的信息。在此前发言人的发言中,现场出现技术问题,导致发言短暂中断了几次,因此主持人在发言结束后特意做了说明并表达歉意。事件的发生现场所有听众都亲眼看见,事件结束后主持人还特意提到了"我们的系统不给力",场合信息已经传递得十分清晰,无须再做赘述。

(二)符号语场暗含信息

符号语场则是"以语言符号为主体,指语言所构成的上下文语场,也就是狭义的上下文"(Koerner & Konrad,1984:10),如:

| 03-38 | 那么通过这样的一个示例我们可以看到,这个是一个企业从othr 2008年到2011年的,它的一个碳水……一个……额碳水足迹的一个rdif变化情况。 | This take, this slide shows a company's...carbon and water produ...water footprint from DCP 2010 to 2012 DLT. |

在语料03-38中,发言人在讲解一个PPT的图表,来说明企业如何通过先进制造来降低碳足迹和水足迹。根据发言人语言所构成的上下文语场"从2008年到2011年",听众已可预知不同年份之间必然存在变化,因此即使译员省去"的一个变化情况",通过上下文情境,听话人依然可以获知"不同年份的情况是有变化的"这一信息。又如:

| 02-84 | 所以rdif通过我们,通过用恩华特的这个系统呢,他们就解决了这个,这个难题。 | So DLT we are able to help them to solve the problem. |

在语料02-84中,发言人是恩华特公司的代表,因此一旦她说"我们",听众自然会与其公司产品联系起来,而且在前文中,"恩华特的系统"已经反复被提及,故此处视为冗余。

根据统计,在五场会议里发生信息缺省的信息单位中,其对应源语中出现信息冗余的次数详见表6-1。

表 6-1　信息缺省对应的源语中出现信息冗余的次数

次数/占比	会议编号					
	会议1	会议2	会议3	会议4	会议5	共计
信息冗余次数	38	27	47	46	62	220
信息缺省次数	120	147	145	142	212	766
信息冗余占比	29%					

我们可以继续将以上数据和伴随而来的五位译员译文中出现的信息缺省类型及数量进行对比，见表6-2。

表 6-2　与冗余信息同时发生的信息缺省类型及数量

伴随出现的信息缺省类型占比	会议1	会议2	会议3	会议4	会议5	共计
删除（87%）	33	23	41	43	52	192
合并（12%）	5	3	6	3	10	27
移位（不到1%）	0	1	0	0	0	1

由此可见，在发生信息缺省的语段中，87%的源语冗余信息被译员删除而并不明显减损源语语意；12%的冗余信息被译员合并，以压缩产出，保留原意。可见，源语中的冗余信息的主要功能是使译员接收到比实际需要多一些的信息，以帮助破解信息发送者所要传递的真正信息，从而顺利完成信息传递。这也验证了翻译的任务之一便是调整源语中的冗余，以适应目的语接收者的信道容量，保证信息交流成功。尤其在技术领域的同声传译中，在信息密度和话语密度都较高的情况下，删除和合并冗余信息有助于译员更好地分配认知资源。

第二节　可忽视信息

Gile 认为口译中并非所有的信息都要译出，他从信息层次入手，对话语信息层次做了区分，即主要信息和二级信息。主要信息可以看作是信息提供者想要传递给信息接收者的意义和意图"(Gile,1995)。本研究所说的可忽视信息,显然不是信息提供者想要传递给信息接收者的意义和意图,而应归入二级信息中,由译员裁量。因此,本研究中的可忽视的信息可以定义为"通过词句显现的听话者未知的信息,和主题关系不紧密,属于补充或修饰说明"。

具体来说,在语料中可表现为:无实际意义的连接性词句、忽然插入的无关话题或补充说明和非关键的修饰词及评价等等。

一、无意义的连接性词句

典型语料的示例如下:

02-73	另外,额,ngif我们像,想给大家介绍的项目呢,就是一个澳门的黑沙环,这个项目比较特殊,它是一个旧城改造rdif项目。	Another project DLT is Macau Areia Preta. This is a, quite special project, because it's a renovation of old city DLT.
03-27	ngif额,那么,下面呢,我会给大家讲一下我们这样拆分完之后,str?有哪些结果可以获得,来说明我们这样方法的一个,额,合理性和可行性。	DLT And then after several times of allocation, DCP we can have a reasonable view of the carbon water footprint.

在语料02-73和03-27中,"我们像,想给大家介绍"和"我会给大家讲一下"在语段中,和接下来具体介绍的项目及内容并无紧密关联,并无太多实际意义,实际上可以视为发言人连接上下语段,整理思绪的缓冲手段,属于可忽视的信息,故译员选择略过不翻。

二、忽然插入的无关话题或补充说明

典型语料的示例如下:

| 05-48 | 好,接下来汪华,ngif一讲就有声音,那话筒一讲就有声音,对。 | Okay, now over to you, Mr. Wang. DLT |

没有找到话筒的开关，主持人见状提醒他：话筒已经开了，直接提问即可。此部分信息属于现场突发的状况，是和会议主题无关的话题。为了节约时间传达关键信息，译员一般都会对这些信息进行删除或简化的处理。又如：

03-08	嗯，因为在我们的生产阶段，ngif大家很多都是在企业，有企业经历的，我们知道，在企业里面呢，我们不太可能，LST str？首先第一个，不太可能做到tnif三级计量。	In the first place, in the manufacturing processes, DLT we know that…we don't have the WKN three-tier calculation system.

在语料03-08中，发言人在讲解生产阶段的计量方法时，插入了一句"大家很多都是在企业，有企业经历的"，将话题忽然引到在座听众身上，这样的插入成分不仅和主题关系不紧密，也很容易扰乱译员已经启动的句子结构，译员也往往选择对这些信息进行删除不译，以保证译文的流畅和主题信息的传达。

除了无关话题外，和主题无关的补充说明在同传中也常常被译员视为可忽视信息，如：

01-35	LST dsif第二个案例，str？我今年的一个学生，啊来读我的研究生，ngif工作了10年，啊做得很好，在广东的一个小家电的企业里做，这个主设计师，获得过红点，啊。	I have DCP a master degree student graduated from our department. He is a MGD successful chief designer in a home appliance company in Guangdong. He designed something, some products winning Red Dot Award.

在语料01-35中，发言人在案例分析时提及自己的学生，整个语段都在说明学生的个人背景，而发言人发言的主题是设计的重要性，因此"工作了10年，啊做得很好"这个部分，便被译员合并处理为"successful"，以节约时间，提高输出效率。

三、非关键的修饰及评价

典型语料的示例如下：

| 02-70 | 因为他有一个ngif非常大型的这个，职工，员工的那个，食堂。就是额，它那个，产生的，每天产生的厨余垃圾量也是非常多的。 | Because this office building has its own DLT canteen, em, there... therefore it uh, also produce a lot of kitchen waste besides household waste. |

语料02-70中有数个修饰词："非常""大型的""职工""员工的"，这些形容词或副词是对关键词"食堂"的深入细致的描述，目的是为了说明产生的垃圾量大，此类修饰语在技术类的会议中并非关键信息，常常被略去。

很多时候，发言人会在言谈之中即兴加入自己对某一现象或事物的主观评价，这种忽然插入的个人视角往往是为了强调之前提及的某一客观事实，而非信息提供者想要传递给信息接收者的意义和意图，如语料05-06中的评价性话语"这个时间非常非常之长"：

| 05-06 | 但是，咳，我们在需要扩展的时候，从采购服务器到部属、调试、上线，整个过程大概是需要花两周时间，ngif这个时间非常非常之长，直接是不可以接受的。 | But when we are trying to scale our service: from purchasing the server to deploying the server to debugging and also to launching the server on line. It will take us around 2 weeks, DLT which is actually not bearable. |

根据统计，在五场会议里发生信息缺省的信息单位中，其对应源语中出现可忽视信息的次数分别如表6-3所示。

表6-3 信息缺省对应源语中出现可忽视信息的次数

次数/占比	会议编号					
	会议1	会议2	会议3	会议4	会议5	共计
可忽视信息出现次数	19	20	17	36	62	154
信息缺省次数	120	147	145	142	212	766
信息冗余占比	20%					

我们可以继续将以上数据和伴随而来的五位译员译文中出现的信息缺省类型及数量进行对比，见表6-4。

表6-4 与可忽视信息同时发生的信息缺省类型及数量

伴随出现的信息缺省类型占比	会议1	会议2	会议3	会议4	会议5	共计
删除（95%）	18	18	17	35	59	147
合并（5%）	1	2	0	1	3	7

由此可见，在发生信息缺省的语段中，95%的可忽视信息被译员删除而并不明显减损源语语意；5%的冗余信息会被译员进行合并，以压缩产出，保留原意，改善输出。Setton（1999：3-4）认为，在口译实践中"口译效果的变化或改善，更多是由于更有效地运用语用和知识资源，而不是由于更好地协调有限的认知加工资源，所以说对口译实际效果而言，语用知识和交际策略作用更大"。在技术领域的同传中，一般而言，对技术信息的理解不会因文化的不同而不同，然而在这个特殊领域的同传中，由于会议发言具有一定的即兴性，语用知识和交际策略依然在很大程度上制约着译员补偿行为。

第三节 专业技术信息

在专业技术类的同传中，译员必须对专业技术信息进行有效处理，选择取舍，力求过滤出最为关键的信息特征片段。根据本研究的语料观察，造成信息缺省的专业技术信息主要包括三类：数字、专有名词／专业术语和一般词汇的特殊意义。

一、数字

在信息缺省的触发因素中，数字对译员的影响是不容忽视的，"尤其当涉及的数字较大，而且所跟随的单位比较专业，不是生活中的单位时，会给译员带来不小的干扰"（庞焱，2013：56）。

04-25	目前我们的运营方式为平行隔离运行，ngif就是，额1633跑道是主将（主降），1533的跑道是足起（主起）跑道，其中tnif1633的跑道可以满足dsif目前世界上最大型客机空客A380起降。	Current operation mode is separated parallel operation. DLT Uh, so 1533 is a main uh, runway for departure. DCP 1634 for arrival. It can also… can accommodate DLT A380.
02-32	就是额，tnif这些额酒精废液经过沼气这种厌氧生物反应之后，它的排放的污水的tnif浓度也相当高，LST tnif大概在8000，COD在8000~10000ppn左右，LST dsif那么它不符合我们国家的相关标准。	The problem is, uh, the discharge of the sewage. WKN Uh, if we use this uh, way to uh, generate biogas from ethanol, then that will greatly increase the content of uh, the sewage, the DCP density of the sewage.

语料04-25中源语的数字"1633"是机场跑道的代号，本身并不算复杂，但由于源语中1533、1633的频繁出现，加大了译员负荷，因此在译语中被误译为"1634"。而在语料02-32中，数字8000~10000跟随的单位比较专业，而非生活中的单位，加上整个语料频频出现专业术语，给译员造成极大干扰，最终导致数字部分的信息流失。

二、专有名词／专业术语

每个专业领域都有自己的专业术语和行话，译员短时间内需要记忆大量新词汇，同传中这些新词汇的迅速转换会带来巨大的认知负荷。Gile发现译员在翻译专有名词表达时，出错的概率偏高，这些专有名词包括"无冗余解释信息的名词"和"需要高度注意力才能明白的专有名字"(Gile, 1984)。具体来说，本研究中这些专有名词和专业术语包括：人名、地名、产品名等名称。如：

05-96	rdif从代码上来讲的话呢，有open source的源代码呢，othr我们拿到一点，但是怎么样把它LST tnif用那个，叫lightswitch把它转换过来？	DLT We use open source codes, DLT but we're trying to see how can we switch the open source code into our own.

| 05-91 | rdif那这一块呢，用微软，刚才额讲的那个Ternat讲的ngif所谓BI这一块，用RPCa？ tnif SQL server rdif这个分析是挺有用的，str？我们也做了一点的工作。 | DLT So Mr. Ternat talked about uh, using DCP secure server WKN for DLT business intelligence, which we think is also very useful. DLT |

语料05-96和05-91的源语，均包含微软公司的产品名称"lightswitch"和"SQL server"，若译员照字面来翻，会陷入极大的困境，发生信息流失或误译。

此外，中英文缩略语也常常给译员带来困扰。很多同传译员都知道，在同传中遇到含义不清的英文缩略语时，比较好的应对是尽量重复听到的发音，如语料03-04源语中的"PAS2050""ISO14067"都是环保领域碳排放标准的缩略语，而且还都包含数字，若不熟悉相关背景，不熟悉该名称，仅凭记忆重复听到的信息，是十分困难的，会直接导致误译或如03-04目的语一样，出现信息流失。

| 03-04 | dlv？这都是我们，每个细节我们都要经过rdif反复地去斟酌，反复谈论，LST tnif然后去拿PAS2050，LST tnif拿ISO14067去一一对应。 | DLT That's the sort of question that we have to MGD think about during the whole process. |

这一应对策略对汉英同传就更难奏效了，如：

| 05-33 | LST dsif就拿我们产品来说，那我rdif个人呢是从09年就开始做移动互联网rdif的一些项目，然后有做过网络游戏，LST tnif手游，有做过休闲游戏，有做过塔防游戏，ngif后来还做过一款社交产品。 | I've DLT been working in mobile internet DLT since two thousand and thr...2009, uh for say different types of tower defense games, DLT social media or traditional internet games etc. |

| 05-68 | 我们str？自己呢做了一个从业人员，tnif做了华交会啊、上交会啊一些大型的一些活动啊，就很有体会。 | Uh, we DLT have been working on some of the WKN large size exhibitions and fairs, which give us insight into the usage of wireless network. |

在语料05-33和05-68的源语中，分别出现了"手游"（手机游戏）、"华交会"（中国华东进出口商品交易会）、"上交会"（上海国际技术进出口交易会）等缩略语，译员无法重复中文发音，必须尽量还原出缩略语的真实意义，而这就需要对该领域背景进行深入了解，在不了解相关背景的情况下，译员或略去不译，或进行概括弱化。

最后，每个专业领域都有自己的专业术语和行话，译员在不熟悉这些术语的情况下，会尝试用自己对该中文词汇的理解进行拓展或解释，但对于英语专业听众而言，这样的解释未必能传递对等的信息。如：

02-26	tnif那么它可以获得额比这个一般汽油这个烷辛值……这个就是我们汽油的标号，这个实际上它的标号更高，可以达到137。	DCP In this project, uh, the, uh, Nanning project was able to generate biogas and then use the biogas to provide power for the vehicles in Nanning of Guangxi Province.
03-24	比如说，tnif纺纱，比如说织造。在纺纱中，我们有，如果按棉纺，我很熟悉的棉纺，比如说棉纺中清花、梳棉……，这些行业，这些工序上，工序上。	… For instance, we WKN have different procedures for manufacturing cotton products.
04-55	第三，额我们机场也可以根据rdif系统提供的？（航路）流量控制信息，以及rdif机场天气信息调整tnif机位资源分配方案，避免飞机长时间占用廊桥机位，提高LST tnif航班的靠桥率和服务质量。	Next one, for the airport. Based on the uh DLT flight…uh…flow control information and DLT weather information, we can adjust DCP parking stand resources to avoid long time occupation of the parking gate so as to improve service quality.

在语料02-26、03-24和04-55中源语中，发言人分别提到了化工行业的"烷辛值"，棉纺行业的专业流程"织造""清花"和"梳棉"，以及航空管理领域的"机位资源分配""航班靠桥率"，这些词汇均属于专业度很高的信息，靠字面的理解和阐释未必能实现最为

准确的翻译，如04-55中"机位资源"（gate）被翻译为"parking stand resources"，未必能传递对等的信息。为避免出现明显错误和停顿，译员常常选择重复部分肯定正确的已知信息（参见02-26目的语），或将该部分整体概括为一个更为笼统的动词短语（参见03-24目的语"have...different procedures"）。

三、一般词汇的特殊意义

许多通用词在不同专业均有特定含义，若译员按通用词汇翻译，对专业听众而言，往往一个词就暴露了译员专业知识的短板，必须使用符合目标语规则，符合行业背景的表达，才能满足听众期待。如：

| 03-11 | tnif我记得我们那个田总，溢达田总就跟我说过，我半天就可能翻三四个品种，你怎么去计算呢？我一听，真的是满复杂的。那么真的是怎么去计算？ | There are a lot of em, very complicated information. So, it is again very difficult to come up with a calculation accordingly. |

语料03-11中"半天就可能翻三四个品种"中的"翻"，尽管是个普通动词，但具体是什么含义，必须具备一定的纺织行业的背景知识，否则无法准确翻译。还有一些词汇的特殊意义，除了行业背景，还须具备一定的项目背景才能了解，如：

| 02-80 | 几乎，你在那个澳门街头啊，LST tnif在黑沙环这个地方，就看不到那个，tnif开放式的那个，垃圾桶了。 | RPCb Right now in the open space in Macau, you would find no... uh, WKN conventional type of um garbage can there anymore. |

在语料02-80中，发言人探讨的是采用新的垃圾收集系统，取代澳门原有的垃圾桶。对于没有实地参与项目的译员来说，澳门原有的垃圾桶是怎样的？何为"开放式"？一时很难把握。这些对发言人来说再熟悉不过的内容，对译员而言却无法获知。因此，译员只能通过概括、弱化词义，或干脆略过不译，以免出错。

根据统计，在五场会议里发生信息缺省的信息单位中，其对应源语中出现专业技术信息的次数详见表6-5。

表 6-5　信息缺省对应源语中出现专业技术信息的次数

次数/占比	会议编号					
	会议1	会议2	会议3	会议4	会议5	共计
专业技术信息出现次数	6	32	35	32	36	141
信息缺省次数	120	147	145	142	212	766
信息冗余占比	18%					

我们可以继续将以上数据和伴随而来的五位译员译文中出现的信息缺省类型及数量进行对比，见表6-6。

表 6-6　与专业信息同时出现的信息缺省类型及数量

伴随出现的信息缺省类型占比	会议1	会议2	会议3	会议4	会议5	共计
删除（2%）	0	0	0	2	1	3
合并（2%）	1	0	0	0	2	3
弱化（37%）	5	6	9	13	19	52
偏差（26%）	0	9	9	10	8	36
移位（1%）	0	0	0	0	2	2
流失（32%）	0	17	17	7	4	45

由此可见，在发生信息缺省的语段中，37%的专业信息将被译员概括、弱化，因而减损了源语语意；32%的专业信息会因无法准确译出而流失；26%会出现翻译偏差；还有5%的专业信息被译员删除、合并或移位后并不明显减损语意。因此，专业信息往往是技术类会议中的关键信息，这类信息的缺省往往会较为明显地影响语意传递，稀释会议内容，对同传译员来说，是极大的挑战。同时，这也支持了杨承淑（2010：88）指出的"造成信息不对等的两大口译难题：第一类是关于抽象的语意内涵，包括词汇的语意模糊或是具有特定语意的专有名词；另一类口译难题则是信息密度问题，即在源语语速与口译传译之间产生了速度的落差时，就会产生信息遗漏或判断错误的现象"。其中，第二类口译难题正是下一点即将谈及的话题。

第四节　语言结构逻辑瑕疵

前文提到,以发言的准备程度为参数,口译中的源语发言可分为四种类型:即兴的发言或对话、有一定准备的发言或对话、书面准备的用于口头媒体的发言、书面准备的用于书面媒体的发言(Kopczynski,1982:256)。本研究中现场口译的源语类型多为事先有一定准备的发言,五位发言人的发言均准备了PPT作为演讲大纲。当然,PPT的文字的内容十分有限,只能作为发言的参考。在演讲的过程中,发言人会根据现场情况和听众反应加入即兴内容。就语言来看,有一定准备的发言,其话语组织结构不及书面准备的话语那么严谨;语流中存在犹豫、重复、句子逻辑不清甚至自我纠正等现象。具体来说,出现在源语中的结构逻辑瑕疵包括以下三种:结构松散、逻辑混乱、意义模糊或歧义。

一、结构松散

通过语料观察可以发现,源语结构松散,在五场会议中集中表现为三大特点:句子结构缺损、句子焦点置后、句子结构累赘。

(一)句子结构缺损

由于技术类会议的讲者和听众多为业内人士,对于默认对方应该了解的内容,讲者往往不加解释一语带过,甚至频繁出现意义不完整的句子。很多时候,对于有背景知识的听众而言,他们是一点即明,而译员却在不断摸索。Bertone(2008:115)指出,"译员经常需要翻译他们事前一无所知的概念、想法或思维架构。此时译员就好比桥梁和信鸽,会如同在黑暗中前行一样,感觉尴尬和不安"。不仅如此,由于汉语缺乏形态变化,语言单位之间的组合注重的是语意关系,即"意合",句间联结成分不是必须,所以即使语言成分之间包含着较复杂的语意关系,但结构关系上却常常没有显著标志。书面语尚且如此,那么在即兴组织的话语之中,由于发言人思维跳跃,表达急切,有时缺少的不仅仅是联结成分,一些关键动词也常被发言人省去,这给译员正确理解带来极大挑战,如:

01-38	LST str？啊当然我们在这里,他为了做品牌,他肯定也要有投入,我们这个细化我们不说,LST tnif 但从这个大的一个价值的分成的角度来说,这里面有问题,rdif 啊这里面有问题。	2p There are problems here. DLT
05-55	str？我们从 SDK 角度来讲,你怎么来,SDK 开发者这个钱,和额那个流量的问题？	WKN So how do you solve that problem?

在语料 01-38 的源语中,"啊当然我们在这里"和"他为了做品牌……"之间似乎很难联系起来,这是由于缺少了一个连接性的重要动词短语:"也要承认／必须承认"。这样一来,句子可以还原成:"当然我们在这里也要承认,他为了做品牌,他肯定也要有投入,我们这个细化我们不说。"同样,语料 05-55 的源语也缺省了关键动词,句子应该还原为:"从 SDK 角度来讲,你怎么来平衡／解决 SDK 开发者的钱和流量的问题？"遗憾的是,由于同声传译的时间限制,一旦背景知识的缺乏,或者译员没有足够的时间和精力判断和补足这种句子结构的瑕疵,往往会导致这部分信息的流失或者弱化。

(二)句子焦点置后

我们知道,由于汉语的一些语言特征如同音词频繁、词义凝练、左置结构的句子逻辑关系等,"汉语作为源语时要求的处理能力比作为译入语更多"(Setton,1999)。英语与汉语两种语言的语序差异很大。汉语的修饰成分位于被修饰词之前,存在许多嵌入式结构,这种嵌入式结构似乎尤其会增加理解人的负荷。"在口译的巨大认知压力条件下,对这些嵌入式结构的理解可能会出现困难"(Gile,2009:173)。英汉语序差异也可能是中英工作语言之间同传一个主要的问题诱发因素,当中英语序差异较大时,短期记忆负荷可能会加重,而加重的短期记忆负荷与其他任务争抢处理能力,会导致口译员听说差延长。在即兴的发言中,发言人思维不时跳跃,会临时插入更多的一些修饰或补充说明的内容,导致句子重心严重后移,如:

01-20	str？广东呢，已经成为这个，刚才呢rdif ADI的主席跟大家做了分享，那么我从这张，通过这个数据告诉大家，广东已经成为了dsif每个地市都有工业设计协会的这样的一个区域，rdif啊这样的一个区域。	DLT Just now the uh MGD Mr Rassad Rossary shared with you his uh, the ADI's uh, situation, and actually we have here in Guangdong Province WKN different types of industrial design associations. DLT
03-33	那么，额，去跟企业的一线的，额技术人员，还有str？包括，我们会分几个部门，比如设备部，能源部等等，str？这跟企业的组织构架不同，还有LST dsif工艺生产的管理的部门等呢，去沟通。然后去了解它的一手的数据，rdif一手的数据。	We talked to the frontline technical people, DLT we talked to equipment people, energy supply people DLT, management people, and, in order to, try to get first hand data. DLT

在语料01-20的源语中，主谓结构"广东呢，已经成为"之后本应紧接宾语，但此时发言人插入了两个小句，然后才出现宾语"每个地市都有工业设计协会的这样的一个区域"，句子的重心和焦点后移了。同样，在语料03-33的源语中，"（我们）去跟企业的一线的，额技术人员，还有"之后本应紧接"工艺生产的管理部门等呢，去沟通"，但发言人也是临时插入了补充说明，大大增加了译员的记忆和信息处理负荷，最终导致"工艺生产的管理部门"这部分信息的丢失。可见长的译语EVS的形成背景主要是因为无法即刻译出，因而译员会等候关键词汇出现后再进行产出。但等候的同时源语信息就会不断增加，信息单位也逐渐增多，因此译员通常会进行调整顺序，简缩、合并甚至增补修饰语之后再做产出。因此，就句子层面而言，如果源语与译语句法差异非常大，则同传译员被迫在短期记忆中存储大量信息一段时间后才能译出，导致处理能力需求增加，同传质量下降。

（三）句子结构累赘

和前面提到的句子结构不完整相反，不少时候，发言人也会将句子结构复杂化，这种句子结构上的冗余和语流的不完美，以及其中存在的结构冗余和思考犹豫等现象,可以在一定程度上降低译员的认知处理压力。比较常见的情况包括以自问自答的形式强调某一观点,如:

01-58	str？在大家都一样的时候,在这种情况下,有品牌么？品牌形象会突、突出出来么？根本不可能,啊不可能。	MGD But if you are all doing that, you couldn't make your own slogan and brand image stand out.
03-52	str？大家都知道,刚才那个LCMP的那种方法呢,不能够做到……额……产品。为什么呢？我这个企业,我今年和去年的产量也变了,产品品种也变了,那么我怎么能跟上一年单纯地,就跟能源的这个数据相比呢？不能够比的。	MGD…and, with that, …this LCMP approach can not be used to measure the footprint of a product specifically because every year, the enterprise may produce different products. So you cannot have a very good comparison with the last year.

以上两例中,能够以一个简单陈述句表达的观点,发言人都采用了反问或设问,即自问自答的形式表述。这种问答形式有助于抓住现场听众的注意力,但译员若要高效产出,则往往会对此类句子结构进行合并简化。

二、逻辑混乱

关联理论(relevance theory)(Sperber & Wilson, 1986)认为"前后文衔接的效果越大,表示信息的关联性高,则处理时所花费的精力就越小"。同传译员的一项重要工作,即梳理修正原文句子的逻辑关系。在同声传译中,译员常常不能及时获得完整的上下文,无法根据完整的句子或语段来梳理句子逻辑。因此,一旦发言人出现逻辑混乱,就会给译员认知带来巨大负荷,如:

05-33	LST str？就拿我们产品来说，那我rdif个人呢就是从09年就开始做移动互联网rdif的一些项目，然后有做过网络游戏，LST tnif手游，有做过休闲游戏，有做过塔防（塔防）游戏，ngif后来还做过一款社交产品。	I've DLT been working in mobile internet DLT since two thousand and thr…2009, uh for say different types of tower defense games, DLT social media or traditional internet games etc.

语料05-33包含不止一处的删除，典型示例为源语第一个分句"就拿我们的产品来说"。按照一般语言的逻辑，听众会期待接下来发言人对该产品进行具体说明，然而发言人却忽然话锋一转，开始介绍其个人的行业经验。事实上，如果我们从上下文来探究，在这个部分，发言人希望说明其产品的核心竞争力，而产品设计者的行业经验，则是其认为增加产品竞争力的因素之一。这一点在随后的语料中可以得见：

05-34	那所以说呢，我ngif差不多有4年多的为，开发者的经验，那所以说我是最了解开发者的痛点和需求的，rdif我相信普通的创业者不一定有我们这样的的经验和经历。	So I have DLT 4 years of experience as a developer. So I know what developers need, and I know where they have the uh, greatest problems, aches. DLT

因此，在05-33中，发言人启动了句子"就拿我们的产品来说"之后，转而对自己的从业经验做了补充介绍，在接下来的语料中并未提及任何具体产品方面的介绍，因此为了保证译语的逻辑，译员并未翻译"就拿我们的产品来说"这个部分。这再次印证口译目标语相对于源语而言呈现出"逻辑关系明晰化""信息内容具体化"和"话语意义显著化"的倾向（王斌华2013：108）。

三、意义含糊

源语的结构逻辑瑕疵还表现为某些字词或句子含义不清，甚至造成歧义，如：

02-79	LST str？然后主要是，当然因为它是旧城改造嘛，那上楼就比较难了。dlv？所以它就在一些那个，就装了室外的一个垃圾投放口。	RPCb By using our system, DLT we are able to provide them with some of the outdoor inlets.

语料02-79源语中的因果关系"因为它是旧城改造，所以上楼就比较难了"对译员来说并不容易理解，主要是"上楼"一词意义含糊：是谁上楼？为什么困难（实际是指旧城区清洁工需要上楼收垃圾，很不方便）？没有足够的背景信息，译员很难把握发言人的真实意图，这种情况下，译员不得不舍弃这部分信息，仅翻译自己认为符合逻辑的内容。又如：

02-66	另外我们还有为这个医院，啊301医院，那个设计的一个被服垃圾自动收集系统。这个很有名的，是北京的三零一医院，我想大家应该都听说过。	Another project we involved in is the DLT Beijing 301 hospital. We, were involved in the collection of its quilt and patients' garments. DCP This project has been covered by the media, and has uh, gained very positive uh recognition.

语料02-66中的源语部分有一个修饰性的短句"这个很有名的"，其中"这个"的语法指代是比较模糊的，既可以指"这个项目"，也可以指"这个医院"。从语言环境来看，发言人接下来说"北京的三零一医院""我想大家都应该听说过"，可以判断应该是指代医院，而非项目。另外，从一般的世界知识判断，现场所有听众都听说过的，更有可能是这家医院，而非该项目。但是在译语中，译员显然将其理解为"这个项目很有名，得到广泛关注"，因而在译语中出现了偏差。

杨承淑（2010：88）对造成信息不对等的口译难题做了阐述，她认为"口译难题主要分为两类，第一类是关于抽象的语意内涵，包括词汇的语意模糊或是具有特定语意的专有名词；另一类口译难题则是信息密度问题，即在源语语速与口译传译之间产生了速度的落差时，就会产生信息遗漏或判断错误的现象"。上述两例都是典型的词汇语意模糊。

根据统计，在五场会议里发生信息缺省的信息单位中，其对应源语中出现结构逻辑瑕疵的次数详见表6-7。

表6–7　信息缺省对应源语中出现结构逻辑瑕疵的次数

次数/占比	会议编号					
	会议1	会议2	会议3	会议4	会议5	共计
结构逻辑瑕疵出现次数	24	25	21	3	23	96
信息缺省次数	120	147	145	142	212	766
信息冗余占比	13%					

我们可以继续将以上数据和伴随而来的五位译员译文中出现的信息缺省类型及数量进行对比，见表6-8。

表6–8　与结构逻辑瑕疵同时出现的信息缺省类型及数量

伴随出现的信息缺省类型占比	会议1	会议2	会议3	会议4	会议5	共计
删除（13%）	1	1	5	0	5	12
合并（52%）	15	9	10	3	13	50
弱化（10%）	2	5	1	0	2	10
偏差（7%）	1	3	2	0	1	7
移位（1%）	0	1	0	0	0	1
流失（17%）	5	6	3	0	2	16

由此可见，在发生信息缺省的语段中，52%的源语瑕疵信息将被译员合并简化而并不明显减损源语语意；17%的瑕疵信息会因无法被译员还原而流失；13%会被译员删除；还有10%及7%的瑕疵信息会被译员尽力还原，但仍在语意上出现弱化或偏差。

"信息传播具有不可预测性，传播技能，社会系统，文化背景，态度和知识都会引发其不可预测性"（赵军峰，2011：24）。其中，传播技能决定信源传播者如何对观点进行编码，进而决定信息接收者能否彻底领会信息含义，而受者拥有的知识也会影响受者对信息的理解。在技术领域的汉英同传中，信息传播者（发言人）的传播技能良莠不齐，加之发言具有一定即兴性质，致使源语中各类结构逻辑瑕疵时有出现，而信息接收者（译员）在专业知识和背景知识方面的欠缺，也大大影响对信息的理解,从而触发信息缺省。

第五节　冗余不足

张威的实验数据表明(2009:57),"源语发布速度会干扰工作记忆资源在口译加工中的分配及作用,并直接影响口译操作的具体效果"。根据Gile的分析,同传中形成短时记忆负荷的主要原因就包括源语语篇的信息密度,即每单位时间所要处理的信息量。"信息密度"越高,记忆负荷也越大;源语"话语密度",即发布速度,因此"高话语密度(high speech density)是导致口译问题或失误最主要的因素"(Gile,1995:173)。

研究证实,对同传而言,100~120wpm是一个比较"舒适"的语速(Gerver,1969:2002)。甚至有研究人员认为,"应该让发言人意识到同传的性质,并要求讲话速度每分钟不超过100字,以保证同传质量"(塞莱斯科维奇和勒代雷,1992:161)。但在实际口译活动中,源语的发布速度往往都超过上述"舒适"的标准。前一章的统计可以看到,发生信息缺省频率最高的会议5,其源语语速是五场会中最快的,达到303字/分钟;而发生信息缺省频率最低的会议1,其源语语速是五场会中最慢的,也达到223字/分钟。通过对比,可以看到本研究中超过舒适程度的源语语速,和译员的信息缺省有着直接联系,高话语密度是本研究语料中普遍存在的现象。如:

| 01-57 | 我这里是从一本书中间扫描下来的,啊,中国的家电企业,在他们的?(slogan)口号中,othr我们会看到对"生活"的这样的一种扎堆,rdif大家都一样:dsif创意感动生活、健康美妙生活、心灵感鲜生活、精致你的生活,快乐创造新生活,等等等等等等。 | I scanned these from a book. The slogans for the home appliance companies in China. WKN They all position the... themselves on life per se. DLT DCP Say for example TCL, Chuangwei, Changhong, Hisense. all those brands are focusing on life, these two characters, these two Chinese characters. |

语料01-57来自会议1,其源语语速是五场会中最慢的,达到223字/分钟,但在该语料源语的后半段中,出现了密集的广告语("创意感动生活、健康美妙生活,心灵感鲜生活,精致你的生活,快乐创造新生活"),属于语速不快但语言冗余甚少导致的信息密度大,对同声传译的认知处理能力产生额外需求。就广告语的翻译而言,由于各类修辞手法的大量采用,很多时候,笔译都需要相当长的时间慢慢斟酌和思考,才能达到相似的效果,对同声传译员来说,语言转换的压力和记忆压力可想而知。如此大段的列举,全部略过不翻,必定会出现长时间停顿和空白,因此译员唯有选用其他已知信息进行替换,即逐一念出现场PPT上显示的采用上述广告语的品牌名。

　　很多时候,冗余不足不仅仅体现在某一语料之内,同声传译处理的是相对完整的语篇,有时候译员为了追补前一语料翻译的滞后,也会对接下来的语料内的信息进行大幅度简化,以追补滞后,如:

02-38	这个项目建成以后呢它可以处理餐厨,就是厨余18万吨,然后生产沼气1,400万立方米,发电可以有3,300万千瓦,额千瓦时,这个3,300万度电吧。	And we're able to, generate biodiesel from waste amounted to uh, 180,000. Uh, we're able to generate, 1400, uh, 14 million square meters of biogas from 180,000 tons of uh, food waste. And that will be equivalent to 33 million kilowatt hours power generation.
02-39	LST dsif 然后提炼生物柴油 10,000 吨,LST dsif 然后生产有机肥料额12,000吨,可以减少二氧化碳的排放1,额110,000吨。	CO_2 emission will reduce by 110,000 tons.

　　语料02-38中连续出现了三个较大的数字和三个不同的单位,以及若干个专业名词,话语冗余非常少,同时该会议发言人语速高达278字/分钟,因此译员在翻译该语料的时候,已经出现了明显的滞后。在紧接着的语料02-39中,又连续出现3个大数字和三个专业术语"生物柴油、有机肥料、二氧化碳",已经超过了译员的记忆和处理负荷,为了保证滞后不再继续,译员不得不放弃一部分信息,以跟上发言人的节奏。又如:

02-55	那么,这个,这个就是我们刚才讲的这个,额多元化的一个,整体的一个环保交通系统。	If we look at, at this chart once again. We are trying to implement an integrated and holistic methodology to establish a more environmental friendly transportation system in the city of Guangzhou.
02-56	dsif那么这个是我们希望在中瑞合作方面可能会产生的一些机会。	WKN For the future,

同样,在翻译02-55中的几个前置修饰语"多元化的、整体的、环保"时,译员已经明显滞后于发言人,因此在02-56翻译时,"我们希望在中瑞合作方面可能会产生的一些机会"这一部分的信息,则被译员弱化,以节约时间,跟上节奏。此处信息缺省的发生并不是整体资源的"过载",而是Gile所说的"能力管理"上的问题,其典型表现是,当前不应形成很大困难的任务却难以完成,原因是"认知资源过多地用于先前的任务,而难以充分地解决当前看似容易的问题"(Gile,1995:171)。也就是说,有时一些影响口译质量的因素并不存在(如噪声、发布速度过快、发音差、技术信息含量高、句法结构复杂等),但口译遗漏依然出现,因此这些现象不是由译员的语言水平、百科知识或口译技能等因素造成的,其真正原因在于认知资源的配置与协调效率(Gile,1995:175)。

根据统计,在五场会议里发生信息缺省的信息单位中,其对应源语中出现高密度信息的次数详见表6-9。

表6-9 信息缺省对应源语中出现冗余不足的次数

次数/占比	会议编号					
	会议1	会议2	会议3	会议4	会议5	共计
冗余不足出现次数	16	23	15	13	9	76
信息缺省次数	120	147	145	142	212	766
信息冗余占比	10%						

我们可以继续将以上数据和伴随而来的五位译员译文中出现的信息缺省类型及数量进行对比,详见表6-10。

表 6-10　与冗余不足同时出现的信息缺省类型及数量

伴随出现的信息缺省类型占比	会议1	会议2	会议3	会议4	会议5	共计
删除（4%）	0	0	0	3	0	3
合并（3%）	0	0	0	2	0	2
弱化（15%）	4	6	0	1	1	12
偏差（4%）	2	1	0	0	0	3
移位（4%）	0	2	1	0	0	3
流失（70%）	10	14	14	7	8	53

由此可见，在发生信息缺省的语料中，70%冗余不足的信息被译员放弃而流失，因而减损了源语语意；15%冗余不足的信息被弱化从而减损了语意。可见，在技术领域的同声传译中，由于本身会议内容就比较充实，专业信息较多，一旦再出现话语冗余不足导致源语信息密度较高，无论是表现为语速较快导致单位时间内出现较多的信息，还是语速不快但语言冗余甚少导致的信息密度大，都会对同声传译的认知处理能力产生额外需求，其结果往往会较为明显地影响语意传递，从而引起会议内容的流失。

第六节　发布瑕疵

我们知道，译员表现除了和译员自身口译能力有关以外，源语发言的输入变量和现场口译的认知处理条件也不可忽视，如源语发言的语速、口音、流利度等。口译现场发言人的停顿、口误、修正等，真实反映了口译过程。对发言过程中的言语现象和副语言现象的观察，能帮助口译研究更好地理解同传过程中译员面临的各种困境。本研究所指的发布瑕疵，主要包括三类：发言人口误、发言人语音瑕疵、现场设备瑕疵。

一、发言人口误

由于本研究所用语料均为即兴或有一定准备的发言，因此讲话的流利程度和带稿传读相比低了不少，大多数时候发言人没有演讲全文文稿，而是根据准备的发言内容现场组织语言，因而存在不少口误，给译员的理解造成很大的困扰，如：

02-60	dlv？主要，一个是在，额，三，现在，这两个是……都是在三亚。	DLT And these are the two programs that we are currently involved in Sanya, Hainan Island.

语料02-60是发言人介绍其公司的垃圾收集系统及具体应用案例。虽然发言是经过了一定准备，现场有PPT做参考，但具体语言的组织具有一定的即兴成分在内，会出现停顿，自我纠正，甚至重新启动句子的现象。此处发言人不断停顿，再重新启动句子（"主要，一个是在，额，三，"），致使句子结构十分混乱，译员不得不耐心等待，直至发言人组织合理的句子出现，而对信息传递没有贡献，反而造成句子结构凌乱的部分，则在译文中被删除。

有的时候，发言人这种不断纠正和重启，甚至会直接导致源语难以理解，致使信息流失，如：

01-62	LST dlv？啊2011,1,20这个12年的时候呢，美国的一个tnif做手环的企业Jawbone推出了tnif手环。	2p WKN For le…left hand side you can see Jawbone. WKN This is the product from the US company.

03-35	LST dsif我们也建立了评估工具，我们核算了38种典型的纺织产品,的工业碳足迹和水足迹。LST dlv？那产品种类包括棉纱,包括针织的,一个机织的棉,针织的和额……额棉线的针织物,毛线机织物,还有成衣,牛仔裤,LST dsif额这个衬衫,缝纫线,rdif缝纫线还有拉链。ngif应该是说我们涵盖了整个行业中的主流的产品种类。	We can now actually calculate this kind of footprint for 38 major product types, including uh, denim, uh, jeans, garments, sewing threads DLT, zippers etc. DLT covering all the mainstream products in this industry.

在语料01-62中，发言人对年份做了四次不同的表述，给译员带来极大困惑，最终导致该信息单位被译员放弃而流失。同样，在语料03-35中，发言人也做了若干次不同的表述："针织的，一个机织的棉，针织的和……额，棉线的针织物，毛线机织物"，次数过多，导致译员无法判断哪些是口误，哪些是纠正之后的版本，于是出现了整个部分的信息流失。

二、发言人语音瑕疵

本研究的研究对象是汉英同传，由于源语是译员的母语，基本排除了由发言人口音严重所造成的听辨失误，听力理解带来的干扰可以说已经降至最低。但语料观察可以发现，由于发言内容的专业性和频频出现的各类技术术语，以及发言人的教育背景、出生地、发音习惯各不相同，语音瑕疵依然会时常干扰译员的理解。为了全面了解哪些中文词汇属于听辨困难，本研究特意聘请专业速记员将中文语料进行转写。经事后对比发现，的确有不少词汇，对于没有足够背景知识的速记员来说，是无法辨析的，在语料中以"？"表示，并在随后的括号中附上正确词汇，如：

04-34	深圳机场协同决策rdif系统是在（旨在）采集dsif整合机场终端运行系统中的业务数据，实现信息的发布和共享，使各单位对机场运行LST dlv？具有？仪式（情景预设），能够进行协同决策的信息平台。	Shenzhen airport CDM DLT is to collect DLT MGD information, the terminal information data, to realize information release and sharing, so all the departments can understand and also to have the CDM operation.

语料04-34中的"情景预设"，被速记员听成了"？仪式"，译员很可能也没能准确听辨，因此译语中这部分信息流失了。中文发音中"预设"和"仪式"本就相近，同时它又是个专业词汇，因此没有足够的背景知识，仅凭双耳聆听，很多时候无法正确把握发言人的意图。

除了口音各异的中文词汇的发音瑕疵之外，不少发言人的发言中会出现几个英文单词，而发言人的英语发音存在瑕疵，导致听辨困难，如：

| 01-44 | 但是在消费者rdif的心目中对这个BRAME dlv？（brand）根本没有概念，LST dsif而企业本身也没有概念，啊。 | But the, but consumers DLT do not have thorough understanding or concept of what that DCP logo means to them. |

语料01-44中的"brand"，不仅速记员无法分辨，笔者在回放录音的时候，也是听了数次都无法判断。可以想象只有一次听辨机会的译员，在同传现场所面临的巨大挑战，为了避免错译，译员选择前文出现过的"logo"一词，尽管意义有所偏差，但至少避免了尴尬的错误。

三、现场设备瑕疵

在不少会议过程中，由于发言人不熟悉激光笔或话筒的使用，不熟悉电脑和投影的连接显示，或者现场设备的故障，常常会出现发言的短暂中断。在绝大多数情况下，发言人会停止发言，先和工作人员一起解决故障，因而不会严重影响译员的工作。然而一旦发言人到译员之间的声音传输出现了故障，即现场听众依旧可以听到，而译员在同传箱里却听不到，此时发言人很难意识到出现了问题，译员的同传也无法继续，便会出现信息的流失，如：

| 02-28 | LST dlv？那么在广东湛江龙肯呢，我们现在也在跟他们合作，在发展同样的事情：就是要在那里，利用酒精的这个，额他是糖蜜生产过程，甘蔗的蔗糖生产过程中产生的这个废水，用来27：19现场设备故障。 | Sorry the speaker is not coming through. |

在语料02-28中，发言人演讲进行时，忽然由于设备故障，同传译员无法听到发言，而现场听众依然听得到发言人的声音，并未感觉到有任何故障。译员的工作无法继续，对于正在通过同传接收器收听翻译的部分听众而言，同传忽然停止了，听众会感觉纳闷和不解，甚至会扭头看同传箱里的情况。在这种情况下，译员只能解释给使用同传接收器的听众，"设备故障，译员听不到发言"。当然通过这种方式也能提醒现场工作人员解决故障。

根据统计，在五场会议里发生信息缺省的信息单位中，其对应源语中出现发布瑕疵的次数详见表 6-11。

表 6-11 信息缺省对应源语中出现发布瑕疵的次数

次数/占比	会议编号					
	会议1	会议2	会议3	会议4	会议5	共计
发布瑕疵出现次数	4	10	8	5	12	39
信息缺省次数	120	147	145	142	212	766
信息冗余占比	5%					

我们可以继续将以上数据和伴随而来的五位译员译文中出现的信息缺省类型及数量进行对比,详见表 6-12。

表 6-12 与发布瑕疵同时出现的信息缺省类型及数量

伴随出现的信息缺省类型占比	会议1	会议2	会议3	会议4	会议5	共计
删除（38%）	0	5	2	3	5	15
合并（5%）	0	0	0	0	2	2
弱化（2%）	0	0	0	1	0	1
移位（10%）	1	0	2	0	1	4
流失（44%）	3	5	4	1	4	17

可以看到,在发生信息缺省的语料中,44%的瑕疵信息因无法被译员理解而流失;38%的信息被译员删除而并未严重减损源语语意;10%的信息在随后的单位中获得补偿还原;5%的信息被译员合并而不明显减损语意;2%的信息经弱化后损失了部分意义。译员无法控制发布瑕疵的出现,只能在极为有限的时间内根据个人经验、背景知识和情境因素尽量做出判断和补偿,无法判断的只能放弃不译。

第七节　其他原因

另外，还有一些导致信息缺省的原因，比如译员表达能力有限，如：

| 04-50 | 也避免旅客因为rdif航班长时间等待,dsif然后在候机楼造成情绪不稳定,甚至造成群体事件。 | This can also prevent, avoid the passengers' uh WKN un… unsatisfaction because of DLT long waiting time. |

语料04-50中源语部分的这个句子，尤其是"群体事件"一词，是具有中国特色的表达方式，在译语中一时不易找到对应词汇，因此被合并为"unsatisfaction"一个单词。仅部分传达了源语语意，但是"情绪不稳定"乃至"群体事件"和"unsatisfaction"，在严重程度上，还是存有较大的差异。因航班延误在机场造成的群体事件，现在也时常见诸媒体，这部分含义的缺省，也会影响听众对航班延误严重后果的理解。由于本研究的所选译员均有多年同传经验，灵活处理的经验较为丰富，因此表达能力有限导致的信息缺省不是很多。

此外，其他原因还包括译员对某些词汇如衔接词重要性的临场判断失误，以及其他无法判断的原因等，在五场会议里发生信息缺省的信息单位中，其对应源语中出现其他原因的次数分别见表6-13。

表6-13　信息缺省对应源语中出现其他原因的次数

次数/占比	会议编号					
	会议1	会议2	会议3	会议4	会议5	共计
其他原因出现次数	9	8	7	8	8	40
信息缺省次数	120	147	145	142	212	766
信息冗余占比	5%						

但由于该类原因总体出现频率不高，类型较杂，且译员能力因素并非本研究的主要研究对象，故不做分类统计。

第七章

结 论

第一节 研究总结与发现

本研究针对信息缺省的内部结构与外在形式进行论述与分析,考察其在同声传译中的规律和处理原则。研究以口译中的信息缺省现象为个案,通过对真实口译语料的分析,明确源语文本与译语文本在语言形式、语意信息等方面的差异及其具体性质,重点考察译员认知信息处理能力在实际口译情境下的具体作用与表现。

本研究先就研究缘起、研究问题、理论框架、分析维度和关键概念,如信息单位、信息缺省、语意减损、技术领域同传的情境与信息结构等逐一做了界定,接着以现场口译的源语-目标语平行语料为基础做描写研究。首先对语料的规模、典型性、研究变量的控制等做了说明,接着对语料加工标注的方法也进行了说明,便于后续研究的分析统计。根据统计数据,回答了研究问题1、研究问题2和研究问题3,并采用归纳总结法推论初步得出研究问题4的回答。

一、研究问题1:信息缺省有哪些的类别和层次?

本研究对目的语"信息缺省"的六大主要类别,即删除、移位、合并、偏差、弱化及流失做了定量的分析，在此基础上总结了技术领域汉英同传中信息缺省发生的一些规律：

第一，信息缺省的普遍性。信息缺省是同声传译中的普遍现象，而本研究统计结果以数据进一步证实了这一点。五场会议中出现信息缺省的语段数平均高达90.2%。因此，信息缺省现象可以说在技术类会议同传中几乎无所不在。

第二，多数信息缺省不会给信息传递带来影响。根据统计，63%的"信息缺省"，并不会明显减损语意；37%的"信息缺省"，则会明显减损语意。因此，技术领域汉英同传中的"信息缺省"现象，并非全部都会影响信息完整性。很多时候，正是由于译员在使用了一些不明显减损语意的信息压缩策略，反而能压缩信息分量与传输负荷，使得目标语获得更好的现场交际效果。

第三，"删除"和"偏差"大多发生在词汇层面（平均比例分别为76%和66.6%）。说明译员在处理句子层面的信息单位时，态度普遍更为谨慎，以避免出现明显漏译或错误。在源语意义确定的情况下，译员不会轻易删除整句，哪怕删除也不会带来明显的语意减损；一旦出现意义不确定的情况，则更倾向于选择略过不译，或者其他处理方法，以尽量避免句子层面的明显意义偏差。

第四，"合并"和"流失"大多发生在句子层面（平均比例分别为76.4%和68%）。这是由于译员在进行合并时，句子层面的合并往往效果更为明显，可以迅速缓解译员处理时间不足、源语冗余过多或逻辑不清的困境，同时也不会带来漏译或误译等风险，因而是成熟译员经常使用的策略。而"流失"的发生，本就是译员因种种原因无法译出所导致，在词汇层面尚且可以通过弱化等加以处理，到了句子层面，往往比较难以在短时间内妥善处理，为了不影响后续信息的接收，译员只能放弃。

第五，就不同类型的"信息缺省"发生频率来看，"删除"类的信息缺省出现频率最高（384次），"流失"次之（141次）。"流失"和"删除"多是源语信息在译语中没有对应的目的语，这可以说是所有信息缺省应对策略中最为快捷的处理方式，因而也是发生频率最高的处理方式。

第六，超过舒适程度的源语语速，和译员的信息缺省频率有直接联系。本研究五场会议的源语语速均达到200字/分钟以上，最高的甚至达到303字/分钟，大大超出了中文口语语速的平均值（约每分钟240个音节）。根据本研究统计，发生信息缺省频率最高的会议5，其源语语速正是五场会中最快的，达到303字/分钟；而发生信息缺省频率最低的会议1，其源语语速是五场会中最慢的，达到223字/分钟。可见，在技术领域汉英同传中，发言人语速过快是信息缺省的直接触发因素之一。

二、研究问题2：译员会采用何种策略补偿？

本研究从微观分析的角度，对四大类信息缺省：移位、合并、偏差、弱化进行观察，试图找出译文中的译员补偿规律及其影响因素。王斌华（2013：108）指出，目标语相对于源语而言，呈现出"逻辑关系明朗化""信息内容具体化"和"话语意义显性化"的倾向。本章节的观察结果也验证了这几个倾向，具体的补偿策略包括：

第一，针对"合并"的译员补偿。译员主要通过监控译语来简化输出，具体表现为降低表达难度、长度乃至语速。同时，译员通过使用较长的EVS，以便听取相对完整的源语信息，再做结构或内容上的调整。

第二，针对"弱化"的译员补偿。译员倾向于扩大语意，如将一个或几个名词归纳为上一级范畴词，或采用虚化动词+语意扩大的名词这一动宾结构简化概括源语信息，或拓展源语信息；译员还常利用情境因素简化输出，或使用较长EVS以保存关键信息，来应对口译中的困境，从而减轻自己在目标语发布中的负荷。

第三，针对"偏差"的译员补偿。译员往往会借助情境因素获取信息，监控译语，修正表达，对其源语中的明显常识性错误、语法结构瑕疵、口误和逻辑语意含混不清的地方进行修正或显化。当译员在阐释时遇到困难时，会采用其他的共知信息加以填补，或重现已知的无关信息，以免现场出现长时间停顿。此类偏差很难说都得到了补偿，因为其中包括译员不自知的口误。

第四，针对"移位"的译员补偿。译员常常借助参考文本和情境文本获取信息。成熟的译员，在遇到困境时，往往能充分利用现场投影上的内容、统计结果或图表，以及其他会议材料中的信息，甚至通过向搭档求助，以便在接下来的同传中，找到合适的时机对缺省的信息进行补偿。如此一来，新的信息有时进一步印证原有信息，有时推翻原有信息,会不断地由外而内,循序渐进地推进。

三、研究问题4：影响译员补偿行为的因素是什么?

根据对上述译员补偿行为的观察和描述,本研究归纳出具体制约译员补偿行为和补偿效果的一些主要因素,包括:

第一,译员信息处理能力。本研究的语料观察中印证了"信息重复结构"和"话语信息层次"等理论,说明信息内容的主次划分是技术领域汉英同传中译员信息选择和处理的重要依据。一般情况下,信息处理能力强的译员会尽力保存主要信息,而二级信息则会被更多地采用"删除"或"合并"方式简化处理,以最小化对语意信息的影响。此外,信息处理能力还表现在对新信息学习吸收的能力上,通过不断听取新信息,一些先前无法译出的信息,能够在后续译文中得到补充。

第二,译员工作记忆调配效率。在信息记忆压力较大的情况下,出现"合并""弱化""偏差"或"移位"的概率较高,可见译员常常会选择省略、概括或合并部分信息的策略来处理,以减轻记忆负担。可见,工作记忆是影响口译加工与效果的一个重要因素。认知记忆因素与其他语境语篇因素相互作用,共同影响着口译认知加工过程。

第三,译员主题知识储备。译员经常需要翻译他们不熟悉的概念或思维架构,如果主题知识不足,源语语意信息在译语中就缺乏对应项,往往会导致信息的"流失"或者"弱化"。

第四,译员口译策略选择。在同声传译这项时间资源极为有限的口译活动中,要及时产出一个可接受的语篇,有时需要某种程度上偏离语言对等,或进行一定的信息过滤,来提高语篇的交际效果,缓解认知负荷的压力,这样的处理(如"合并""删除"和"移位")未必会降低语篇的忠实性。

第五,口译规范制约。在一些信息缺省的类型中,如"偏差",译员的译文和源语内容大相径庭,或者译员不断重复已知信息,其主要原因多是译员出于交际效果和自我保护的原则,试图避免出现明显的翻译错误或长时间尴尬的停顿,体现了译员在目标语表达中会追求交际功能的最优化。

第六,听众期待。技术类会议的讲者和听众是该领域的专业人士,源语内容的专业性要求译员要了解听众期待,并使用符合目标语规范和习惯的表达,才能符合行业习惯。因此在技术类的会议同传过程中,译员对于源语中的二级信息的过滤处理也更为明显。

四、研究问题3：信息缺省有哪些触发因素？

本研究还从源译语发布方式和深层的语意层面的对比上,探究了汉英同声传译中出现各类"信息缺省"的触发因素。通过对语料的观察发现,目标语信息缺省中的"删除",其触发因素具体表现为源语或发布过程中出现：

第一,冗余信息。包括语言形式上的重复和语意内容的重复,冗余的概括或解释,指涉语场和符号语场暗含的信息。在技术领域的同声传译中,在信息密度和话语密度都较高的情况下,译员往往会对这些冗余信息进行删除和合并,以更好地分配认知资源。

第二,可忽视信息。包括无实际意义的连接性词句；忽然插入的无关话题或补充说明；非关键的修饰词及评价等。其中,绝大多数可忽视信息被译员删除或合并,以压缩产出,保留原意,改善输出。这说明成熟译员能有效地运用语用和知识资源,更好地协调有限的认知加工资源。

第三,语言结构逻辑瑕疵。包括结构松散、逻辑混乱、意义模糊。其中一部分源语瑕疵信息被译员合并简化而并不明显减损源语语意；另一部分则会因无法还原而流失或被删除。总的来说,瑕疵信息会被译员尽力还原,但不少时候仍会在语意上出现弱化或偏差。

第四,冗余不足。表现为语速较快导致单位时间内出现较多的信息,或者语速不快但语言冗余甚少导致的信息密度大。在技术领域的同声传译中,由于会议内容比较充实,专业信息较多,一旦再出现话语冗余不足导致源语信息密度较高,会对同声传译的认知处理能力产生额外需求,其结果往往会较为明显地影响语意传递,从而引起信息流失。

第五,专业技术信息。包括数字、专有名词、专业术语、一般词汇的特殊意义。专业信息往往是技术类会议中的关键信息,这类信息的缺省往往会较为明显地影响语意传递,稀释语意信息,对同传译员来说,是极大的挑战。

第六,发布瑕疵。主要包括三类：发言人口误、发言人语音瑕疵、现场设备瑕疵。口译现场发言人的停顿、口误、修正等副语言现象，是话语意义传递的一个重要方面，真实反映了口译过程中的言语现象和副语言现象。译员无法控制发布瑕疵的出现，只能在极为有限的时间内根据个人经验、背景知识和情境因素尽量做出判断和补偿，无法判断的只能放弃不译。

第七，其他原因。如来自同传现场的其他情境因素和来自译员自身的因素，如表达能力有限、临场判断失误等。但由于本章节关注的视角是源语发布方式和深层语意，因此对此类原因没有做进一步细分。

第二节　研究贡献

本研究的主要贡献有两个方面：

首先，语料的真实性和典型性。迄今为止，有关同传中信息不对等的实证研究甚少，而以实际语言交际场景口译语料为研究材料的十分有限，尤其是包含多译员、多主题的现场同传语料。笔者认为，相关研究如此匮乏背后的重要原因之一是语料收集的困难。技术领域的会议经常涉及业界或者公司内部的前沿技术，出于对自有技术的保护，有不少主办方在会前会要求译员签署保密协议，因此要获得符合研究条件的真实会议语料并不容易。

本研究中，笔者选取了五场分别由五名译员参与同传的不同主题的技术会议，进行现场录音。一共获得五个不同技术会议的完整录音，源语和译语录音总时长达50小时，其中源语录音约25小时，译语录音约25小时。通过对研究变量的严格控制，对原始录音进行了大量的剔除，总共抽取时长共150分钟的语料，进行转写和详细标注。总时长为150分钟的工作语料，尽管远不算大规模的语料库，但通过对所用语料的仔细筛选和对变量的严格控制，避免了简单的语料堆积，筛选出了系统的同质性语料，一定程度上填补了这一领域研究的匮乏。

其次，研究的针对性。到目前，学者们进行的同传实证研究主要针对一般意义的同声传译，未做行业细分，即便涉及技术领域，也并非将其作为研究重点。尤其在博士层面的研究，仅有孙海琴（2012）针对IT行业的专业信息密度对同声传译脱离源语外壳的影响做了实验研究,尚无博士论文针对技术领域的同声传译进行过实证性研究。而事实上,对同传译员来说,在实践中挑战最大的正是技术领域的会议,这类会议涉及技术领域最前沿的发展,涉及各学科的不同知识,使同传这项本就十分复杂的信息处理活动更具难度和挑战性,极易出现信息遗漏。在技术领域的同传中,信息缺省是个十分普遍的现象。因此,本研究的视角落在技术领域同传中的信息缺省现象方面,对译语中的信息缺省进行了客观而充分描述与解释。通过分析和考察信息缺省的不同类别和层次,在源语中寻找并确定各自的触发因素,以明确技术领域同传给译员带来怎样的困难。本研究还考察了当信息缺省发生时,译员有无采用,如何采用同传策略对缺省的信息进行补偿。较完整而全面地对同传中这一极为普遍的现象进行了观察和研究。

第三节　研究局限及未来展望

由于时间和人力所限,本研究存在以下三方面的局限:

首先,语料规模的不足。在语料的收集方面,同传研究采用实验法收集数据,变量更可控,但模拟的会议环境永远无法还原真正的口译现场。因此本研究采用真实的会议现场收录同传表现,现场取证,能够真实反映同传现场的情况和译员反应。但是,由于研究条件和时间的限制,无法选取更大规模的录音材料用以分析研究,不失为一大遗憾,也有待后续研究的继续补足。

其次,源语语料标注的不足。一个源语信息单位可能包含若干种语言和发布方式的特征,由于采用手工标注,受到时间、人力等各方面资源的限制,在本研究源语语料标注的时候,只能尽量选择该语料最突出的语言或语用特征加以标注,在后续研究中,可考虑对源语特征做更为全面的标注。

最后,触发原因探究的局限性。同传中的信息缺省成因十分复杂,有来自发言人的因素,来自同传现场的因素,也有来自译员自身的因素。由于本研究的研究方法所限,主要是从源译语发布方式和深层语意的对比上,来探究汉英同声传译中出现各类"信息缺省"的触发因素,对于来自同传现场的因素和来自译员自身的因素,未能做更深入的探讨。

本研究可以在以下两方面进行后续研究：

一方面,考察技术领域"英汉同传"中的信息缺省。本研究仅考察了技术领域"汉英同传"中的信息缺省,而"英汉同传"呈现的特点和规律仍有待考察。

另一方面,采用多种研究方法对"触发原因"和"补偿"进行深入的研究。本研究通过归纳总结法推论得出研究问题4的初步回答,即哪些因素制约译员补偿的因素。后续可通过更为丰富的研究方法,如问卷调查法等手段,从更多视角探索译员补偿的动机和制约因素,进行更为全面的补偿制约因素的构筑。同时,采用问卷调查法,还能进一步从译员自身角度和同传现场角度对"触发原因"进行深入的探讨。

参考文献

[1]Agrifoglio M. Sight translation and interpreting. A comparative analysis of constraints and failures [J]. Interpreting. 2004,6(1): 43-67.

[2]Baker M. Corpus linguistics and translation studies : Implications and applications. [A] In M. Baker,G. Francis & E. Tognini-Bonelli(eds). Text and technology : In honour of John Sinclair [C]. Amsterdam : John Benjamins. 1993 : 233-250.

[3]Baker M. Routledge encyclopedia of translation studies [Z]. London and New York : Routledge,1998 : 82.

[4]Barik H C. Simultaneous interpretation : Qualitative and linguistic data [A]. In Pöchhacker and Shlesinger(eds). The interpreting readers [C]. London and New York : Routledge,1975/2002 : 78-92.

[5]Barik H. A study of simultaneous interpretation [D]. Doctorial dissertation,University of North Carolina. 1969.

[6]Barik H. Simultaneous interpretation : Temporal and quantitative data [J]. Language and Speech. 1973,16(3): 237-270.

[7]Berlo D K. The process of communication [M]. New York : Holt,Rinehart & Winston,1960.

[8]Biber D. Dimensions of register variation : A cross-linguistic comparison [M]. Cambridge University Press,1995.

[9]Blachowicz C L Z. Semantic constructivity in children's comprehension [M]. Reading Research Quarterly,Newark,Del : International Reading Association,1977(13): 188-199.

[10]Bühler H. Linguistic(semantic)and extralinguistic (pragmatic)criteria for the evaluation of conference interpretation and interpreters [M]. Amsterdam,Netherlands : Associated Scientific,1986.

[11]Cantor J, Engle R W. and Hamilton, G. Short-term memory, working memory, and verbal abilities : How do they relate? [J]. Intelligence, 1991,(15): 229-246.

[12]Chernov G V. Inference and anticipation in simultaneous interpreting : A probability-prediction model [M]. Amsterdam/Philadelphia : John Benjamins Publishing Company, 2004.

[13]Chernov G V. Semantic aspects of psycholinguistic research in simultaneous interpretation [J]. Language and Speech, 1979, 22(3): 277-295.

[14]Chernov G V. Message redundancy and message anticipation in simultaneous interpretation [A]. In Lambert S. & Mercer B.M. Bridging the gap – empirical research in simultaneous interpretation [C]. Amsterdam/Philadelphia : John Benjamins Publishing Company, 1998.

[15]Chiang Y N. Connecting two anxiety constructs : An interdisciplinary study of foreign language anxiety and interpretation anxiety [D]. A dissertation presented to the faculty of the graduate school of the university of Texas at Austin. 2006.

[16]Christoffels I K. and De Groot A M B. Simultaneous interpreting : A cognitive perspective [A]. In Kroll and De Groot (eds). Handbook of bilingualism : Psycholinguistic approaches [C]. M.A. Oxford University Press, 2005 : 454-479.

[17]Claudio B. From international conferences to machine-readable corpora and back : An ethnographic approach to simultaneous interpreter-mediated communicative events [A]. In Sergio, F. S. and Falbo, C. (ed.). Breaking ground in corpus-based interpreting studies [C]. Bern : Peter Lang, 2012, 91-118.

[18]Dam H V. On the option between form-based and meaning-based interpreting : The effect of source text difficulty on lexical target text form in simultaneous interpreting [C]. 1998. In Franz Pöchhacker & Miriam Shlesinger (eds). The interpreting studies reader. London and New York : Routledge. 2002 : 266-277.

[19]Danks J H. and Shreve G M. Fountain S B, etal. Cognitive processes in translation and interpreting [C]. Thousand Oaks, London,

and New Delhi : SAGE Publications,1997.

[20]Daro V and Fabbro F. Verbal memory during simultaneous interpretation : Effects of phonological interference [J]. Applied Linguistics,1994(15): 365-381.

[21]De Groot A M B. The cognitive study of translation and interpretation : Three approaches [A]. In J. H. Danks et al. (eds). Cognitive process in translation and interpreting [C]. London : Sage Publications. 1997 : 25-56.

[22]Fillmore C. Frames and the semantics of understanding [J]. Quaderni di Semantica,1985,6(2): 222-254.

[23]Franks J J and Bransford J D. Memory for syntactic form as a function of semantic context. In H. Singer and R.B.Ruddell (eds). Theorectical models and processes of reading (2nd ed.) [C]. Newark : International Reading Association,1976:103-107.

[24]Gazzaniga M S and R B. Ivry & G R.Mangun. Cognitive neuroscience : The biology of the mind [M]. (2nd eds). New York : W W. Norton & Company Inc. 97,2002.

[25]Gerver D. The effects of source language presentation rate on the performance of simultaneous conference interpreters. In Pochhacker, F. and Shlesinger (eds). (2002) The Inperpreting Studies Reader [M]. London : Routledge,1969 : 53-66.

[26]Gerver D. The effects of noise on the performance of simultaneous interpreters : Accuracy of performance [J]. Acta Psychologica,1974(38): 159-167.

[27]Gerver D,Longley,P E. Long,J & Lambert,S. Selection tests for trainee conference interpreters [J]. Meta,1989,34(4): 724-735.

[28]Gile D. Basic concepts and models for interpreter and translator training [M]. Amsterdam /Philadelphia : John Benjamins Publishing Company,1995.

[29]Gile D. Testing the effort model's tightrope hypothesis in simultaneous interpreting - a contribution [J]. Hermes,1999(23): 153-172.

[30]Gile D. Basic concepts and models for interpreter and translator training [M] (Revised Edition). Shanghai : Shanghai Foreign Education

Press, 2011.

[31]Gile D. Empirical research into the role of knowledge in interpreting : Methodological aspects [A]. In Dam, Helle V., Jan Engberg & Heidrun Gerzymisch-Arbogast (eds). Knowledge systems and translation [C]. Berlin & New York : Mouton de Gruyter, 2005 : 149-171.

[32]Gile D. Justifying the deverbalization approach in the interpreting and translation classroom [J]. Forum, 2003(12): 47-63.

[33]Gile D. L'évaluation de la qualité de l'interprétation par les délégués : une étude de cas[J]. The Interpreters' Newsletter, 1990(3): 66-71.

[34]Gile D. Methodological aspects of interpretation and translation research, in S. Lambert and B. Moser-Mercer (eds). Bridging the gap : Empirical research in simultaneous interpretation [C]. Amsterdam/Philadelphia : John Benjamins, 1994a : 39-56.

[35]Gile D. Opening up in interpretation studies [A]. Snell-Horby et al. Translation studies : An interdiscipline [C]. Amsterdam/Philadelphia : John Benjamins Publishing Company, 1994b : 149.

[36]Gile D. Selecting a topic for PhD research in interpreting [A]. In D. Gile et al. (eds). Getting started in interpreting research : Methodological reflections, personal accounts and advice for beginners [C]. Amsterdam and Philadelphia : John Benjamins Publishing Company, 2001 : 1-22.

[37]Gile D. The history of research into conference interpreting : A scientometric approach [J]. Target, 2000, 12(2): 299-323.

[38]Gile D. Use and misuse of the literature in interpreting research [J]. The Interpreters' Newsletter, 1999(9): 29-43.

[39]Gile D. Basic theoretical components for interpreter and translator training [A]. In Dollerup and Annette (eds). Teaching translation and interpreting : Training, talent, and experience [C]. Amsterdam and Philadelphia : John Benjamins Publishing Company, 1992 : 185-194.

[40]Gile D. Conference interpreting as a cognitive management

problem. In J H. Danks et al. (eds). Cognitive processes in translation and interpreting [C]. Thousand Oaks, London, and New Delhi : SAGE Publications, 1997 : 196-214.

[41]Gile D. Issues in interdisciplinary research into conference interpreting [A]. In Dimitrova and Hylyenstam (eds). Language processing and simultaneous interpreting : Interdisciplinary perspectives [C]. Amsterdam and Philadelphia : John Benjamins Publishing Company, 2000 : 89-106.

[42]Glemet R. Conference interpreting [A]. in Smith, A. H. (eds). Aspects of translation [C]. London : Secker and Warburg, 1958 : 105-122.

[43]Goldman-Eisler F. Segmentation of input in simultaneous translation [J]. Journal of Psycholinguistic Research, 2002, 1 (2): 127-140.

[44]Grimes J E. The thread of discourse [M]. The Hague : Muton, 1975.

[45]Hale S. The interpreter on trail : Pragmatics in court interpreting [A]. In Carr, et al. (eds). The critical link : Interpreters in the community; papers from the first international conference on interpreting in legal, health, and social service settings [C]. Amsterdam and Philadelphia : John Benjamins Publishing Company, 1997 : 201-211.

[46]Halliday M A K. An introduction to functional gramma [M]. (2nd eds). Beijing : Foreign Language Teaching and Research Press, 1994.

[47]Herbert J. The interpreter's handbook : How to become a conference interpreter [M]. Geneva : Georg, 1978.

[48]Isham W P. Memory for sentence form after simultaneous interpretation : Evidence both for and against deverbalization [A]. In Sylvie Lambert and Barbara Moser-Mercer (eds). Empirical research in simultaneous interpretation [C]. Amsterdam/ Philadelphia : Benjamins Translation Library, 1994 : 191-211.

[49]Jimenez A. I. & Pinazo, D.C. I failed because I got very

nervous.—Anxiety and performance in interpreting trainees : An empirical study [J]. The Interpreters' Newsletter, 2001 (9): 21-39.

[50]Johnson Laird P. mental models [M]. Cambridge : CUP, 1983.

[51]Just M A. and Carpenter, P A. A capacity theory of comprehension : Individual differences in working memory [J]. Psychological Review, 1992 (99): 122-149.

[52]Just M A. and Carpenter, P A. The intensity dimension of thought : Pupillometric indices of sentence processing [A]. In J. M. Henderson er al. (eds). Reading and language processing [C]. NJ : Lawrence Erlbaum Associate, 1995 : 182-211.

[53]Koerner K. Karl Buhler's theory of language and Ferdinand de Saussure's cours [J]. Lingua, 1984 (62): 3-24.

[54]Kopczynski A. Effects of some characteristics of impromptu speech on conference interpreting [A]. In Enkvist, N. (eds). Impromptu speech : A symposium [C]. Abo : Abo Akademi, 1982 : 255-266.

[55]Kurz I. Conference interpretation : Expectations of different user groups [A]. In Franz Pöchhacker & Miriam Shlesinger (eds). The interpreting studies reader [C]. London and New York : Routledge, 2002 : 312-324.

[56]Kurz I. Conference interpreting–user expectations [C]. In D.L. Hammond (ed.), Coming of age : Proceedings of the 30th annual conference of the American translators association. Medford/ NJ : Learned Information, 1989 : 143-148.

[57]Kurz I. Conference interpreting : Quality in the ears of the user [J]. Meta, 2001, 46 (2): 394-409.

[58]Larson L. M. Meaning-based translation [M]. Boston : University Press of America, 1984.

[59]Laura E. Bertone, 仲伟合等. 巴别塔揭秘：同声传译与认知、智力和感知 [M]. 北京：外语教学与研究出版社, 2008.

[60]Lederer M. La Traduction simultanée : Expérience et théorie [M]. Paris : Minard Lettres Modernes, 1981.

[61]Liu M, Diane L. Shallert & Patrick J. Carroll. Working memory and expertise in simultaneous interpreting [J]. Interpreting, 2004, 6 (1):

19-42.

[62]Liu M. Expertise in simultaneous interpreting : A working memory analysis [D]. Unpublished doctorial dissertation, University of Texas at Austin, 2001.

[63]Losee R. M. A discipline independent definition of information [J]. Journal of the American Society for Information Science. 1997, 48 (3): 254-269.

[64]Mackintosh J. User expectation survey [J]. Interim Report. AIIC Bulletin. XXII/2, 1994 : 13-17.

[65]Macnamara B N, Adam B. Moore, Judy A. Kegl & Andrew R. A. Conway. Domain-general cognitive abilities and simultaneous interpreting skill [J]. Interpreting : International Journal of Research and Practice in Interpreting, 2011, 12 (1): 121-142.

[66]Marrone S. Quality : A shared objective [J]. The Interpreters Newsletter, 1993 (5): 35-41.

[67]Miller G A. The magical number seven, plus or minus two : Some limits on our capacity for processing information [J]. Psychological Review, Washington, D.C. : American Psychological Association, 1956 (63): 81-97.

[68]Miller G L. Resonance, information and the primacy of process : Ancient light on modern information and communication theory and technology [D]. PhD thesis, library and information studies, Rutgers, New Brunswick, N. J., May 1987.

[69]Moser P. Expectations of users of conference interpretation [J]. Interpreting, 1996 (1): 145-178.

[70]Moser-mercer B. Process models in simultaneous interpretation [A]. In Christa Hauenshild, Susanne Heizmann. Machine translation and translation theory [C]. Berlin : Walter Gruyter and Co. 1997.

[71]Mounin G. Les problèmes théoriques de la traduction [A]. Paris. 1963, Munday, J. Introducing translation studies : Theories and applications [M]. London : Routledge, 2001.

[72]Munday J. Introducing translation studies–theories and applications [M]. London and New York : Routledge, 2010.

[73]Nida E A. Toward a science of translation [M]. Leiden, The Netherlands: E. J. Brill, 1964.

[74]Padilla. Cognitive process of memory in simultaneous interpretation [A]. In Tommola, J. (eds). Topics in interpreting research [C]. London and New York: Routledge, 1995: 61-71.

[75]Peters J B. Information: Notes toward a critical history [J]. Journal of Communication Inquiry, 1998, 12(2): 9-23.

[76]Pöchhacker F. Introducing interpreting studies [M]. London and New York: Routledge. 2004.

[77]Pöchhacker F. Quality assessment in conference and community interpreting [J]. Meta, 2001, 46(2): 410-425.

[78]Pöchhacker F. Quality research revisited [J]. The Interpreters' Newsletter. 2005(13): 143-166.

[79]Powney J. &Watts, M. Interviewing in educational research [M]. London: Routledge and Kegan Paul. 1987.

[80]Riccardi A, Marrinuzzi G. &Zecchin, S. Interpretation and stress [J]. The Interpreters' Newsletter, 1998(18): 93-106.

[81]Sawyer B D. Fundamental aspects of interpreter education: Curriculum and assessment [M]. Amsterdam & Philadelphia: John Benjamins, 2004.

[82]Schiffrin D. Disourse markers [M]. Cambridge: Cambridge University Press, 1987.

[83]Sergio F S. & Falbo, C. Studying interpreting through corpora: An introduction[A]. In Sergio, F. S. and Falbo, C. (ed.). Breaking ground in corpus-based interpreting studies [C]. Bern: Peter Lang, 2012: 9-52.

[84]Setton R & Motta M. Syntacrobatics: Quality and reformulation in simultaneous-with-text [J]. Interpreting, 2007, 9(2): 199-230.

[85]Setton R. Simultaneous interpretation: A cognitive-pragmatic analysis [M]. Amsterdam/Philadelphia: John Benjamins Publishing Company, 1999.

[86]Setton R. A methodology for the analysis of interpretation corpora [A]. In Garzone and Viezzi (eds). Interpreting in the 21st

century : Challenges and opportunities : Selected papers from the 1st Forlì conference interpreting studies, 9-11 November 2000 [C]. Amsterdam & Philadelphia : John Benjamins Publishing Company, 2002 : 29-45.

[87]Shannon C & Weaver W. Mathmetical theories of communication [M]. University of Illinois Press, 1949.

[88]Sharon, M. Omissions, additions and errors in simultaneous interpretations of a speech delivered by the Late President Chaim Herzog [OL]. 2004.

[89]Shlesinger M. Quality in simultaneous interpreting [A]. In conference interpreting : Current trends in research [C]. Y. Gambier, D. Gile and C. Taylor (eds). Amsterdam/Philadelphia, John Benjamins, 1997 : 123-131.

[90]Shlesinger M. Interpreting as a cognitive process : How we know what really happens? In S. Tirkkonen-Condit and R. Jaaskelainen (eds). Tapping and mapping the process of translation and interpreting : Outlooks on empirical research [M]. Amsterdam and Philadelphia : John Benjamins Publishing Company, 2000b : 3-16.

[91]Shlesinger M. Strategic allocation of working memory and other attentional resources [D]. Unpublished doctoral dissertation. Bar-Ilan University, 2000a.

[92]Shlesinger M. Towards a definition of interpretese : An intermodal, corpus-based study [C]. In Hansen, C. et al. (eds). Efforts and models in interpreting and translation research. Amsterdam/Philadelphia : John Benjamins, 2008 : 237-253.

[93]Sperber D. and Wilson, Deirdre. Relevance : Communication and cognition [M]. Oxford : Blackwell, 1995.

[94]Weaver W W & N. Garrison. The coding of phrases : An experimental study [M]. In A. J. Kingston (eds). Toward a psychology of reading and language. Athens : University of Georgia Press, 1977 : 113-118.

[95]Whitney P, Ritchie B G & Clark M B. Working memory capacity and the use of elaborative inferences in text comprehension [J]. Discourse Process, 1991 (14): 133-145.

[96]艾森克,基恩.认知心理学[M].高定国,肖晓云,译.上海：华东示范大学出版社,2003.

[97]鲍刚.口译理论概述[M].北京：中国出版集团,中国对外翻译出版有限公司,1998.

[98]蔡小红.口译评估[M].北京：中国对外翻译出版公司,2007.

[99]蔡小红.论口译的质量与效果评估[J].外语与外语教学,2003a(3)：45-48.

[100]蔡小红.论口译质量评估的信息单位[J].外国语,2003b(5)：75-80.

[101]柴明颎.口译与口译教学[J].中国翻译,2007(1)：48-50.

[102]杜云辉.科技口译初探[J].中国科技翻译.1996,9(3)：30-32.

[103]桂诗春.新编心理语言学[M].上海：上海外语教育出版社,2000.

[104]胡凌鹊.口译研究的方法论——评介 Gile 的《会议口译研究中的观察法和实验法》[A].蔡小红（主编）.口译研究新探——新方法、新观念、新趋势[C].香港：开益出版社,2002：469-477.

[105]康志峰.认知心理视阈下的口译研究[M].北京：国防工业出版社,2012.

[106]勒代雷.释意学派口笔译理论[M].北京：中国对外翻译出版公司,2011.

[107]勒代雷.翻译的释意理论简介[A].鲍刚译.吕国军.口译与口译教学研究[C].北京：外语教学与研究出版社,2005：1-12.

[108]黎难秋.中国口译史[M].青岛：青岛出版社,2002.

[109]李长栓.汉英口译入门[M].北京：外语教学与研究出版社,2000.

[110]李靖,李德超.基于语料库的口译研究：回顾与展望[J].中国外语,2010(5)：100-105.

[111]李涛,胡开宝.政治语篇口笔译中的级差资源重构[J].现代外语,2015(5)：615-623.

[112]连淑能.英汉语言对比研究[M].北京：高等教育出版社,2010.

[113]刘和平.法国释意理论：译介、批评及应用[M].北京中国对外翻译出版公司,2011.

[114]刘和平.科技口译与质量评估[J].上海科技翻译,2002(1):33-37.

[115]刘和平.口译技巧——思维科学与口译推理教学法[M].北京中国对外翻译出版公司,2001b.

[116]刘和平.口译理论研究成果与趋势浅析[J].中国翻译,2005(4):71-74.

[117]刘和平.口译理论与教学研究现状及展望[J].中国翻译.2001a(2):17-18.

[118]刘和平.口译培训的定位与专业建设[J].广东外语外贸大学学报,2007(3):8-11.

[119]刘和平.职业口译新形式与口译教学[J].中国翻译,2003(3):32-36.

[120]吕世生.科技口译策略选择与操作问题[J].中国科技翻译,2004,17(2):24-26.

[121]穆雷.翻译研究方法概论[M].北京:外语教学与研究出版社,2011.

[122]潘文国.汉英语对比纲要[M].北京:北京语言文化大学出版社,1997.

[123]庞焱.日中同声传译长难句及应对策略[M].武汉:武汉大学出版社,2013.

[124]任小平.外交口译的灵活度[J].中国翻译,2000(1):40-44.

[125]赛莱斯科维奇,勒代雷.口笔译概论[M].孙慧双译.北京:北京语言学院出版社,1992.

[126]赛莱斯科维奇,勒代雷.口译训练指南[M].闫素伟,邵炜,译.北京:中国对外翻译出版公司,2007.

[127]宋欣桥."普通话水平测试"评分中的几个问题[J].语言文字应用,1997(3):32-37.

[128]孙海琴.源语专业信息密度对同声传译"脱离源语语言外壳"程度的影响——一项基于口译释意理论的实证研究[D].上海:上海外国语大学,2012.

[129]王斌华,穆雷.口译研究的路径与方法:回顾与前瞻[J].中国外语,2008(5):85-90.

[130]王斌华.口译规范的描写研究——基于现场口译较大规模

语料的分析[M]. 北京：外语教学与研究出版社, 2013.

[131] 王大伟. 现场汉英口译技巧与评析[M]. 上海：上海世界图书出版公司, 2000.

[132] 王金波, 王燕. 从信息论的角度看汉英翻译的冗余现象[J]. 中国科技翻译, 2002（4）：1-4.

[133] 王克非. 双语平行语料库在翻译教学中的用途[J]. 外语电化教学, 2004（6）：27-32.

[134] 吴爱虹. 论同声传译中的冗余信息的作用和处理[C]. 福建省外国语文学会2006年年会暨学术研讨会论文集（上）, 2006.

[135] 肖晓燕. 同声传译的多任务处理模式[J]. 中国翻译, 2001,（2）：33-36.

[136] 谢天振. 译介学导论[M]. 北京：北京大学出版社, 2007.

[137] 许明. 口译认知过程中"deverbalization"的认知诠释[J]. 中国翻译, 2010（3）：5-11.

[138] 杨承淑. 口译教学研究：理论与实践[M]. 北京：中国对外翻译出版公司, 2005.

[139] 杨承淑. 口译信息处理过程研究[M]. 天津：南开大学出版社, 2010.

[140] 杨承淑. 老手与新手译员的口译决策过程[J]. 中国翻译, 2011（4）：54-59.

[141] 张凌. 省略对同声传译质量的影响[J]. 中国翻译, 2006（4）：54-57.

[142] 张威、柯飞. 从口译用户看口译质量评估[J]. 外语学刊, 2008（3）：114-118.

[143] 张威. 口译认知加工分析：认知记忆在同声传译实践中的作用——以口译省略现象为例的一项观察性研究报告[J]. 北京第二外国语学院学报, 2009（2）：53-60.

[144] 张威. 口译认知研究：同声传译与工作记忆的关系[M]. 北京：外语教学与研究出版社, 2011.

[145] 张威. 口译质量评估：以服务对象为依据——一项基于现场口译活动的调查研究报告[J]. 解放军外国语学院学报, 2008（5）：84-89.

[146] 张维为. 英汉同声传译[M]. 北京：中国对外翻译出版公司,

1994.

[147]赵军峰.法律语篇信息结构及语言实现研究——汉英语篇对比分析[M].北京：科学出版社,2011.

[148]赵军峰.论口译的翻译单位[J].中国科技翻译,2005(5)：25-27.

[149]仲伟合.口译训练：模式、内容、方法[J].中国翻译,2001(2)：30-32.

[150]仲伟合.口译研究方法论[M].北京：外语教学与研究出版社,2012.

[151]仲伟合.英语同声传译教程[M].北京：高等教育出版社,2008.

附　录　语料转写节选

编　号	源　语	译　语
02-01	然后呢,我们现在othr在用液化石油气。	And we should also DCP consider the use of lg...LPG.
02-02	str？我跟他们这个,额省环保厅的额,有关额技术人员的沟通,他们说现在想推广液化天然气rdif或者说压缩的天然气。	WKN Now the Guangzhou uh environmental protection uh staff in the government tell me that they are considering the use of LNG for more cars and buses. DLT
02-03	额然后呢,LST dsif这个电动汽车,还有生物燃气和tnif车用乙醇,额还有生物柴油,这些呢也都列入了议事日程。	We'll include more clean energy in our work, like biodiesel and ethanol as well as biogas.
02-04	那么希望rdif通过这些,能够尽量减少一些化石能源的使用,LST dlv？或者说一些高替代,额完全替代这个高硫的油品。	Hopefully MGD this can help us become not that dependent on fossil fuel.
02-05	那么通过这样一个行动呢,我们希望能够额降低这个交通rdif系统对空气的污染。	So by taking all those measures, we are hoping to reduce the uh, contribution from the transportation DLT to air pollution.
02-06	我们现在可以看到有一些,RPCa像这些都是清洁能源str？像低硫油品、液化天然气,LST tnif他们都是化石能源。	Now we can see that currently we, we use the, the fuels including the low fossil, uh, the low sulfur oil, LNG DCP and electricity.

02-07	str？还有电,LST tnif电刚才南方电网额,的报告也,也说了,LST tnif额现在燃煤燃油目前还是占主要的。	RPCb These are relatively clean. 原因是电被切分到前一单元。
02-08	但是tnif到2015年、2020年之后呢,tnif这个电会大部分会变成这种非化石能源生产的电。那么我们希望,它能够额,dlv？提供这个,把ngif完全取代这个tnif高硫的油品或者是液化石油气。	However DCP after 5 or 10 years, WKN non-fossil fuel will be more popular. Hopefully, the clean energy and renewable energies can, DLT DLT take the place of WKN fossil fuel.
02-09	然后这个可再生能源呢,现在在我们额广州是几乎没怎么使用:那么包括生物柴油、车用乙醇和这个生物燃气。	How…uh…because nowadays, in Guangzhou city, we seldom see the use of biodiesel, ethanol as well as biogas.
02-10	str？那么这些能不能去,额对替代这些化石能源有贡献？那么这需要我们有很好的扶持政策来额推动它的发展。	MGD And still I think we need more policies to encourage the use of those clean energy and renewable engergies.
02-11	ngif嗯另外呢我刚才讲到rdif我们要发展这个慢行交通系统。	I just talked about DLT this slow transportation system.
02-12	那么这个是额自行车,额输送一百个人他所占用的面积。	This is uh, the space taken by the bicycle in transporting 100 passengers.
02-13	str？那么这个是公共汽车；这个是机动车,那么这个一般的乘用车,LST dsif这里指的是一个人开一辆车走的这种情形。我们可以比较一下他所占用的道路资源是额很不一样的。	MGD And then you can compare the space taken by the bus in transportation of 100 passengers and that of a motor vehicle in transportation of 100 passengers.

02-14	那么广州市呢,ngif 额现在如果说,我们有30%的机动车改为用自行车出行的话,LST tnif 那么额这个道路资源呢将会节约667万平方米。这个面积呢,相当于dsif 天河区的道路总面积的一半。	In Guangzhou, let's say, DLT we have uh, able, we, if we have been able to change the 30% of private cars passengers into the bicycle passengers, and then that will actually save about half of the urban land area DCP in Guangzhou city.
02-15	那么额,像这个北欧的一些国家LST tnif 他们的自行车的利用率很高,str? 大概百分之,像斯德哥尔摩,哥本哈根LST dsif 和阿姆斯特丹,他们的这个额居民使用自行车的,上下班的tnif 这个比例有32%到40%。	If we compare, or refer to some of the experiences in north European countries DLT like uh, Stockholm, Copenhagen, there are about 40% to 32% of their citizens that are using bicycles WKN as their transportation mode.
02-16	那么我们说这个人力它也是一种dlv? 可再生资源,哦可再生能源。	So I think in this way man power is a DLT renewable energy.
02-17	rdif 额我刚才给大家看的这张是,一个人开车走的。那么我们看看,一个人开车在广州市的路面上行走的,LST tnif 这个机动车有多少。	DLT So this is uh... DLT if we see one passenger driving a car on the road of Guangzhou city.
02-18	在天河区比例是最高的,LST tnif 最高可以达到65%。str? 就是说在路面上行驶的额这个乘用车,我们叫私家车里头,有65%是一个人开车在路面上行驶的。	Here is a break up of different districts. Uh, the most intensive area is Tianhe district which is the downtown center. DCP Uh, in, that means, uh, the most proportion, the biggest proportion of citizens in Tianhe area are using private cars.

02-19	那么这个就占用了大量的这个道路资源。LST dsif 额同时呢它也很容易造成交通拥堵,产生更高的污染物的 rdif 排放。	Therefore, in this district, there has been more DLT emissions and more road space taken by the private cars.
02-20	所以额我们应该提供一种更好的选择,去减少这种出行行为。	So we need to provide better choices when we are promoting the slow mode transportation in Guangzhou in those areas.
02-21	那么,很高兴 ngif 我刚才接到一个电话说,广东省已经开始研究如何,额,去开放使用这个电动自行车。	I'm very happy MGD to hear that the electric bicycle, uh, is, uh, likely to be lifted the ban on the electrical bicycle in Guangzhou is likely to be lifted in the near future.
02-22	ngif 我再说明一下这个电动自行车在广州、dsif 深圳、佛山、东莞,目前都是被禁止使用的。	Uh, DLT right now in Guangzhou city WKN and its, uh, in its peripheral cities in Guangdong the electric bicycle are forbidden.
02-23	那么 ngif 我现在的一个,很重要的一个工作的目标就是希望这些政府它能够开放使用 rdif 这种非常,环境友好的交通工具。	DLT So I'm happy to hear the news in recent time, uh, saying that it is possible that we're going to lift the bans on the MGD electric bicycle.
02-24	LST str？嗯然后我回过头来再看,再说明一下我们在车用的这种生物能源方面的开发情况。	
02-25	那么,这里是我在网上 ngif 看到的一个消息说:南明(南宁)的车用生物天然气工程已经在实施了。	Now here is another good piece, another piece of good news DLT, a, a vehicle bio-gas project was launched in Nanning of Guangxi Province in China.

02-26	tnif那么它可以获得额比这个一般汽油这个烷辛值……这个就是我们汽油的标号,这个实际上它的标号更高可以达到137。	DCP In this project, uh, the, uh, Nanning project was able to generate biogas and then use the biogas to provide power for the vehicles in Nanning of Guangxi Province.
02-27	tnif同时呢,含硫量和氧气含量都额符合规定的这样一些这个生物燃气,那么一立方米的车用生物燃气呢它可以跟一升汽油相,额相当。	DCP and that is going to save a lot of, uh, fossil fuel and uh, then s…uh, and then enable the city to establish a environmental friendly transportation system.
02-28	LST dlv?那么在广东湛江龙肯呢,我们现在也在跟他们合作,在发展同样的事情:就是要在那里,利用酒精的这个,额他是糖蜜生产过程,甘蔗的蔗糖生产过程中产生的这个废水,用来27:19现场设备故障	Sorry the speaker is not coming through.
02-29	沼气呢,ngif再经过进一步的加工变成生物燃气。	So by uh, generating biomass and MGD then biogas, uh, they can greatly reduce their reliance on the fossil fuel.
02-30	str?那么这个是在,额我们在湛江龙肯,目前正在做的工作。	MGD This is a project in Zhanjiang longken.
02-31	但是呢我们也遇到一个问题。	But, we also encounter some problems in promoting projects like this.
02-32	就是额,tnif这些额酒精废液经过沼气这种厌氧生物反应之后,它的排放的污水的tnif浓度也相当高,LST tnif大概在8000,COD在8000-10000ppn左右,LST dsif那么它不符合我们国家的相关标准。	The problem is, uh, the discharge of the sewage. WKN Uh, if we use this uh, way to uh, generate biogas from ethanol, then that will greatly increase the content of uh, the sewage, the DCP density of the sewage.

02-33	那么我们现在就要LST tnif从标准体系上去解决这个问题。rdif这是我们今后要努力的一个方向。	So this is a problem, a technical problem we're encountering right now. We're trying to solve that problem. DLT
02-34	str？那么关于额生物柴油我们现在有用厨余，也就是说尤其，主要是餐饮业，这个行业它所，额排放的一些，额剩余的一些食物，那么这个用厨余来制生物柴油。	MGD Another experience is the production of biodiesel from food waste produced in food industry.
02-35	这个我们ngif如果上网去搜的话可以找到很多，几乎全国各地都在进行相关的工作。	Here you see DLT there are a lot of companies that are able to realize this. And they are located in almost all parts of China.
02-36	dsif那么国家发改委也在全国布点进行相关的示范工程。广东省呢，也，也已经，额上报了相关的这个额计划。	WKN So we've seen some of the good frontiers in this regard. And in Guangdong Province, we have already applied for certain project to the central government of China, so that Guangdong can uh, engage in the production of biodiesel from food waste.
02-37	ngif那么这个是一个网上看到的一个资料，这是额清华大学跟重庆这边合作，做的一个项目。	DLT Here is a project that Tsinghua university cooperate with uh, Chongqing, uh waste reproduction, uh waste, waste recycle company.
02-38	这个项目建成以后呢它可以处理餐厨，就是厨余18万吨，然后生产沼气1,400万立方米，发电可以有3,300万千瓦，额千瓦时，这个3,300万度电吧。	And we're able to, generate biodiesel from waste amounted to uh, 180,000. Uh, we're able to generate, 1400, uh, 14 million square meters of biogas from 180,000 tons of uh, food waste. And that will be equivalent to 33 million kilowatt hours power generation.

02-39	LST dsif然后提炼生物柴油10,000吨,LST dsif然后生产有机肥料额12,000吨,可以减少二氧化碳的排放1,额110,000吨。	CO_2 emission will reduce by 110,000 tons.
02-40	str？那么这个,就是我们现在在,额中国各地都已经在开始实施这样的计划。	MGD This project has already been launched in different places in China.
02-41	LST othr但是呢我们也面临一个问题,就是这些厨余的回收,LST str？这个体系嗯是非常困难的；LST str？同时呢这些厨余的流向,它去到那个地方？因为我们现在面临一个地沟油的风险。	Another matter is the, uh, swog (swill？), is this uh, hogwash oil. Uh, right now we are facing great food safety problem caused by the hogwash oil in China.
02-42	tnif这个地沟油就是用这些厨余提炼出来然后再回到市场上,作为食物油进行非法销售的这样一种行为。那么这个怎么进行监管,这个也是我们面临的一个额需要解决的问题。	And the government is strengthening its monitoring on the hogwash oil production to ensure food safety. DCP So I think to be able to generate biodiesel from food waste will help to uh, make it less attractive to those profit makers by making hogwash oil from food waste. So that's a kind of uh, good side effect of uh, improving China's food safety.
02-43	rdif那么再看看这个使用清洁能源的这个电动车。	DLT Electric vehicle.
02-44	那么这种电动自行车他的othr外形基本上跟额普通的人力自行车是差不多的。	Here if we look at the WKN traits of several light weight electrical, uh, bicycles in China. They are similar with ordinary bicycle.
02-45	LST dsif那么额中国已经有很多的企业他能够生产这样的电动自行车。	

02-46	那么我们这里看看他这个整车重量呢,tnif是只有16.5或者只有16公斤,都使用锂电池。	Here we can see some specifications such as the total weight, WKN uh in the second column. And uh, the battery, uh, they are using lithium battery.
02-47	LST dsif那么这个最高时速呢他是符合国家标准的。LST dsif国家标准这种电动自行车作为非机动车它的最高限速就是20公里。	
02-48	那么,dsif但市面上现在销售的很多电动自行车,都是超过这个20公里,这个限制的。所以他们不是tnif非机动车,而是机动车。	In terms of top speed, WKN they are over 20 kilometers DLT. Actually not in strict sense uh, vehicle, uh DCP nonvehicle, they are actually vehicle.
02-49	str?额我们经过一些测算呢,对电动自行车在使用过程中所产生的这种额节能和污染物排放的效应,额做了一些测算。	WKN And then we did some of the study and research about its uh, pollutants emission.
02-50	那么对于污染物排放来说,str?我想他跟节能的效应是差不多的。	I think in terms of its pollutants emission reduction, WKN it has a good result.
02-51	LST tnif那么行驶相同公里的情况下,一般的乘用车,rdif就是大家开的那种私家车,他的污染物排放rdif量是使用电动自行车的25倍,而同时呢这种电动自行车他在路面上是不排放任何污染物的。	If we compare with the private cars, DLT the pollutant emission DLT is 25 times than that of electric bicycle. Another thing is uh, the electric bicycle actually emit zero pollutants when it is on the road.
02-52	额再就是他的RPCa rdif锂电池。	Another thing is its battery.
02-53	我们现在说的这种电动自行车使用的都是锂电池,它的锂电池是有比较成熟的回收利用技术,所以呢也不会造成,额ngif不可控的污染。	DLT RPCb Lithium battery has uh, there has been available technology to recycle the lithium battery, so that will greatly help reducing the DLT pollution of uh, electric bicycle.

02-54	最后额展望一下。	Finally, Future prospects.
02-55	那么,这个,这个就是我们刚才讲的这个,额多元化的一个,一个交通系统。	If we look at, at this chart once again. We are trying to implement an integrated and holistic methodology to establish a more environmental friendly transportation system in the city of Guangzhou.
02-56	dsif那么这个是我们希望在中瑞合作方面可能会产生的一些机会。	WKN For the future.
02-57	这个比如说提高tnif生物燃油和生物柴油的质量,str？研制更适用于额这个生物制燃料的这种汽车发动机,LST tnif以及慢行交通系,系统的这种优化,LST dsif和研发更先进的废锂电池的回收利用技术。	Number one we hope to improve the proportion and quality of DCP biogas and biodiesel. And then we would like to study and probe for more mature and sophisticated technologies to DCP generate biogas from various resources such as food waste and, ethanol.
02-58	dsif那么这是一个情景,我们希望这个慢行车道会越来越来越宽,有更多的这种自行车或者电动自行车在慢行车道上走,然后机动车会越来越少。那么这是我们以后希望能够发展的一个情景。rdif好,谢谢大家。	WKN And in the future, we're hoping that we can change people's behavior from using private cars to using bicycles. And hopefully with such integrated measures, we're able to uh, provide, environmental friendly solutions to the transportation system of Guangzhou. DLT
	主持人英文主持,发言人前半部分采用英文发言,不作记录。	

02-59	另外呢我们还有一些地产开发项目。	Envac is also involved in the development…real estate development program.
02-60	dlv？主要，一个是在，额，三，现在，这两个是……都是在三亚。	DLT And these are the two programs that we are currently involved in Sanya, Hainan Island.
02-61	LST tnif一个"三亚半山半岛"，LST dlv？这，三亚半山半岛，半岛呢，是我们第一个，其实，呵呵，在海南采用我们这个系统的一个业主啊。	
02-62	str？它其实，它开始采用第一期的时候，它是采用一种，它是非常小心，试用，啊。	WKN In the fir…first phase, the residents, they still have some concerns about the system.
02-63	但是后来，就是第一期othr完成试用之后，它觉得rdif效果非常好，dsif现在已经做到差不多第五、第六期了。它一直都是，额，在，额，安装我们这个系统。	But after they WKN use the system for phase 1, they, think that our system DLT is very good and required that WKN all the houses should be installed with our system.
02-64	另外一个是阿罗哈。因为这个，这个社区主要是tnif别墅，还有一些tnif小高层，LST dlv？它是临，额，离海很近。	Another project of property development is Aloha in Sanya. This is a high-end residential area featuring DCP pillars（villas）and DCP independent houses.
02-65	LST dsif他们出于对环境的这个保护呢，LSTdsif 他们也是装了我们这个系统，现在已经额，额接近，完工了。	And this project is going to be completed very soon.

02-66	另外我们还有为rdif这个医院,啊301医院,那个设计的一个被服垃圾自动收集系统。str？这个很有名的,是北京的三零一医院,我想大家应该都听说过。	Another project we involved in is the DLT Beijing 301 hospital. We, were involved in the collection of its quilt and patients' garments. DCP This project has been covered by the media, and has uh, gained very positive uh recognition.
02-67	rdif它的那个,额被服,就是由我们这个恩华特的被服垃圾收集系统来给他提供这个封闭式的,额这个服务的。	DLT
02-68	另外就是北京中石油大厦。	Another project is Petro China office building.
02-69	rdif北京中石油大厦呢,它是有两类。它一个是厨余垃圾,还有一个是生活垃圾。	DLT We were involved in the kitchen waste and uh, household waste collection.
02-70	因为他有一个ngif非常大型的这个,职工,员工的那个,食堂。就是额,它那个,产生的,每天产生的厨余垃圾量也是非常多的,LST tnif所以它就,不仅额,装了这个生活垃圾的那个系统呢,LST tnif它还有,有一套那个厨余垃圾处理系统。	Because this office building has its own DLT canteen, em, there… therefore it uh, also produce a lot of kitchen waste besides household waste.
02-71	另外在香港,现在ngif新的这个,额,特区总部呢,额,它也,也是用了这个我们的这套系统。str？它也是做了分类的收集。	Another project is the DLT headquarter of the Hongkong government. The headquarter of Hongkong government also use our system MGD for the, collective, for the uh…classification of garbage collection.

02-72	另外在ngif香港非常有名的一个高科技园区，就是香港科学园。dlv？它这个垃圾，额，我们的这个系统，它已经使用othr好多年了。	And for DLT Hongkong Science Park, DLT they have been using our system for WKN a long time.
02-73	另外，额，ngif我们像，想给大家介绍的项目呢，就是一个澳门的黑沙环，这个项目比较特殊，它是一个旧城改造rdif项目。	Another project DLT is Macau Areia Preta. This is a, quite special project, because it's a renovation of old city DLT.
02-74	rdif因为澳门黑沙环呢，ngif其实主要是额，它这里的人口占澳门的ngif差不多六分之一。	MGD In this area, DLT the population takes up DLT one sixth of the total population of Macau.
02-75	dlv？它之前，就是没有采用我们这个系统之前呢，它的垃圾收集是非常困难，rdif困难的。	DLT Before adopting our system, it is extremely challenging and difficult to collect garbage in this highly…uh…densely populated area DLT.
02-76	ngif因为大家都知道，去过香港澳门都知道啊，它的街道非常的窄，所以LST str？它每天这个，要收垃圾的时候，LST str？那个车一过来呢，几乎那个路，就是被堵住了。	DLT And uh the roads and streets in Macau are not really that modern or that wide, so there are a lot of na…narrow alleys and…uh narrow streets being blocked.
02-77	str？而且因为这个垃圾场，因为额，因为可能是，额要堆放一段时间啊，产生的那个味道，othr就是引起很多居民的投诉。	MGD And there is also problem of smell, WKN so they face a lot of challenges and headache in the collection of garbage.
02-78	LST dsif后来这个政府呢，为了改善这种情况呢，RPCa dsif它就说，额，就是装了这个，我们这个系统。	
02-79	LST str？然后主要是，当然因为它是旧城改造嘛，LST tnif那上楼就比较难了。dlv？所以它就在一些那个，就装了室外的一个垃圾投放口。	RPCb By using our system, DLT we are able to provide them with some of the outdoor inlets.

02-80	RPCa dsif现在呢整个的垃圾状况得到非常非常大的一个改善。	And that has greatly improved the garbage collection in this area.
	几乎,你在那个澳门街头啊,LST tnif在黑沙环这个地方,就看不到那个,tnif开放式的那个,垃圾桶了。	RPCb Right now in the open space in Macau, you would find no…uh, WKN conventional type of um garbage can there anymore.
02-81	str？他的垃圾基本上就是说,额,有一点,他的那个清洁工马上就可以把它投到这个投放口里面,它都不需要什么那个车再过来,所以整,整个环境的那个,额品质提升了许多。	WKN So they are all covered by our inlets system, and this has greatly improved the open space environmental quality in this densely populated area of Macau.
02-82	str？另外一个,我们再台北有一个就是,额,目前可能是世界上我们做的一个最高层的一个建,额,建筑项目,就是台北101大厦。	MGD Another project is Taipei Financial center. This is a super high skyscraper.
02-83	ngif可能做地产开发的,或者说做过一些物业管理的,str？大家可能都,可能就知道,高层,高层物业它有一个非常头疼的问题,就是他的垃圾收集非常非常的难,花的时间也很多。	WKN If you are involved in those, uh super high skyscraper, MGD you would have experience of the headache of…imposed by the super height of the skyscraper to the garbage collection.
02-84	所以rdif通过我,通过用恩华特的这个系统呢,他们就解决了这个,这个难题。	So DLT we are able to help them to solve the problem.
02-85	另外在新加坡的科学园,还有韩国的龙仁须之小区,rdif他们也都采用了我们这个系统。	The other two projects are Singaporean Science Park, and Korean Yongjinsuji. DLT
02-86	ngif其实我们说的这些rdif示范项目呢,都是我们,额,额做的这些示范项目里面很小的一部分啊。	DLT These DLT are just some of the projects that we are involved in, to name just a few of them.

02-87	另外在那个,巴塞罗那奥运村,在瑞典哈莫比夫城,rdif刚刚提到了哈。rdif这个,他们都是用,通过我们的这个系统,来改善这个城区的这个垃圾收集的一个状况。ngif另外在,额,里斯本的世博园,还有迪拜棕榈岛。	Uh some of the other international projects, like Barcelona Athletes' Village, and DLT, DLT Hammarby Sjostad, DLT in Lisbon Expo. Park and in Palm Marina Apartment of Dubai.
02-88	啊这些rdif大型的社区,它都采用恩华特的这个收集系统。	All these DLT have adopted Envac's garbage collection system.
02-89	恩今天时间有限,可能就是介绍的非常的简单,那欢迎,额各位在会后有什么问题呢,额可以联系我,rdif非常乐意为各位解答。谢谢!	Due to the time limit, this is a very very brief introduction. If you have any questions, you are welcomed to ask me and contact me in person later, DLT thank you very much for your listening.

致　谢

　　本书是在导师仲伟合教授的悉心指导下完成的。从最初的选题到书籍的完成，期间遇到的困难和挫折无数，是仲老师帮助我度过本书写作的每一个难关。仲老师专业知识渊博，治学态度严谨，工作作风精益求精又无比高效，往往一两句话就能点出本书的关键问题，不仅在学术上给了我无数的启发，他宽厚而大气豪爽的人格魅力也对我影响深远，使我明白了许多待人接物和为人处事的道理。本书的完成倾注了导师大量的心血，在此谨向仲老师表示最衷心的感谢！

　　本书的顺利完成，也离不开高级翻译学院和翻译界的其他各位教授、同学和朋友的关心和帮助。赵军峰教授，穆雷教授和平洪教授，在本书选题和写作过程中无私地给予许多建议和帮助；胡开宝教授，张吉良教授和任文教授，在初稿完成后，给出了许多宝贵意见。在此特别感谢我的同窗贾兰兰和冯曼，在最辛苦的时候，我们互相鼓励支持；感谢师弟李洋，在我非常不擅长的电脑操作方面，给予我最无私的帮助；最后，感谢我的家人，在我忙于本书写作的时候，默默承担了家庭的琐事，让我能安心完成本书。没有你们，就没有这本书，谢谢！